Aristoteles

Über die Seele

Aristoteles

Über die Seele

ISBN/EAN: 9783743623415

Hergestellt in Europa, USA, Kanada, Australien, Japan

Cover: Foto ©Thomas Meinert / pixelio.de

Weitere Bücher finden Sie auf **www.hansebooks.com**

Aristoteles

über die

Seele.

Aus dem Griechischen übersetzt
und mit
Anmerkungen
begleitet

von

Michael Wenzl Voigt,
Professor der Rhetorik am königl. Gymnasium zu
Commothau in Böhmen.

Frankfurt und Leipzig
bei Johann Herrl Buchhändler.
1794.

Innhalt

der drei Bücher des Aristoteles über die Seele.

Erstes Buch.

Erstes Hauptstück.

Von der Würde, von dem Nutzen, und von den Schwierigkeiten einer wissenschaftlichen Kenntniß von der Seele.

Was den Vorzug einer Wissenschaft vor der anderen bestimmt. — Die Kenntniß der Seele hat diesen Vorzug — Daher ist erstlich ihre Natur, sodann ihre zufälligen Eigenschaften zu untersuchen — Allein dieß ist äuserst schwer; — weil wir erstlich eine Methode aufsuchen müssen, die eine einzige zu seyn scheint; widrigenfalls hätten wir mit vielen Schwierigkeiten zu kämpfen. — Frage über die Seele in Ansehung ihrer Art — ihrer Theilbarkeit u. s. w. — Unzulänglichkeit der Kenntniß von der Wesenheit der Seele; auch die Accidentien müssen bekannt seyn. — Fragen in Ansehung der Gemüthsbewegungen — Schwierigkeiten, ob eine der Seele einzig zukomme? — Die Leidenschaften wirken bloß im Körper. — Der Physiker und Dialektiker definiren Gegenstände aus verschiedenen Gesichtspunkten — Das Objekt des Physikers, — des Mathematikers, des Philosophen und anderer.

Zwei-

Innhalt.

Zweites Hauptſtück.

Einige Meinungen der Alten über die Seele und ihre Gründe.

Wir wollen aus den Meinungen der Alten das Beſte herausheben — Bewegung und Empfindung haben die Alten für die Beſtandtheile der Seele gehalten. Die Bewegung hielten folgende Philoſophen für das Weſen der Seele: Demokritus behauptete, die Seele ſey Feuer und Wärme — der nemlichen Meinung war Leucippus, weil das Feuer aus den kleinſten und rundeſten Kügelchen beſtehe — Einige Pythagorder halten die Seele für Sonnenſtäubchen; andere für das, was ſie in Bewegung ſetzt; noch andere für das, was ſich ſelbſt bewegt; — Anaxagoras für das, was Bewegung hervorbringt; und ein anderer für das Gemüth ſelbſt, weil es alles bewege; doch iſt der erſtere in ſeinen Behauptungen unbeſtimmt. — Diejenigen Philoſophen, welche das Erkennen und Empfinden für das Weſen der Seele halten, glauben: ſie enthalte die Urſtoffe aller Dinge. — Empedokles meint, die Seele beſtehe aus allen Elementen — Plato aber glaubt, ſie beſtehe aus der Idee der Einheit aus der erſten Länge, Breite und Höhe — oder aus den erſten Zahlen 1, 2, 3, 4. oder, was das nemliche iſt, aus Vernunft, Wiſſenſchaft, Meinung und Sinnlichkeit — Xenokrates hält die Seele für eine ſich ſelbſt bewegende Zahl — Die Philoſophen ſind in Anſehung der Zahl der Elemente, aus denen die Seele beſtehen ſoll, verſchiedener Meinung — Hyparchus hält die Seele für ein Flämmchen — Thales für eine Art des Magnets — Diogenes für die Luft — Heraklitus für einen Nebel — Alcmäon für Etwas Göttliches, das ſich ewig bewegt — Hippon für den Saamen — Critias für das Blut — Die Erde haben keine Philoſophen für die Seele gehalten — Warum einige die Seele für Elemente ausgaben — Entſtehung der Worte ζωη und ψυχη, Leben und Seele.

Innhalt.

Drittes Hauptstück.

Widerlegung derjenigen, welche die Seele für das gemeinschaftliche Vermögen sich zu bewegen halten.

Jedes bewegte Ding kann entweder durch Etwas Anderes, oder durch sich selbst bewegt werden. — Es giebt vier Arten der eigenen Bewegung: Die Schwingung, die Veränderung, das Absterben, der Zuwachs — Der Seele kommt die Bewegung im Raume nicht zu—auch nicht eine durch eine Gewalt erzeugte Bewegung — Sie müßte ein Körper seyn — und den Körper so bewegen, wie sie selbst bewegt würde. — Der Seele kommt die Bewegung zufälliger Weise zu. — Sonst müßte die Seele in Extasie gerathen — Demokritus und Philippus erklären, wie die Seele den Körper bewege — Plato glaubt die Bewegung der Seele sey eben so, wie der harmonische Zusammenklang aller himmlischen Körper in ihren Schwingungen — Allein die Seele ist keine Größe, noch sind ihre Theile Punkte — auch ist sie kein zirkelförmiger Umschwung — Woher diese Ungereimtheiten kommen.

Viertes Hauptstück.

Daß die Seele nicht eine Harmonie des Körpers ist.

Die Seele ist kein Verhältniß des durch einander Vermischten; noch eine abgemessene Zusammensetzung der Theile des Körpers — Im Körper ist eigentlich Harmonie; welche in dem itzt genanntem Verhältnisse, und in der Zusammensetzung der Theile besteht, welche in der Seele nicht sind. — Folgerungen aus dieser Meinung.

Fünf‐

Innhalt.

A ch-

Innhalt.

Das

Innhalt.

Zehntes Hauptstück.

Vom Schmeckbarem und dem Geschmackswerkzeuge.
Was das Schmeckbare sey? — Der Geschmack
hat keinen fremden Körper zum Medium — Er
nimmt das Schmeckbare und das Unschmeckbare wahr
— Das Feuchte ist das eigentliche Princip des ob-
jektiven Geschmacks — Der subjektive Geschmack hat
das Vermögen befeuchtet zu werden — Arten des
Geschmacks — Was das Geschmackswerkzeug und
das Schmeckbare sey? —

Eilftes Hauptstück.

Vom Fühlbarem und dem Gefühle.
Welches ist das Medium des Gefühles? — Im
Gefühle scheinen mehrere Contrarietäten zu seyn —
Das Fleisch ist nicht das Gefühlsorgan — Das Gefühl empfindet durch das Fleisch, welches ein Medium desselben ist. — Zweifel dagegen — Auflösung
derselben — Unterscheidung des Gefühls von den
übrigen Sinnen — Die fühlbaren Gegenstände sind
die Differenzen der Körper — Was das Gefühls-
organ sey? — Daß es das Mittelmaaß der fühlbaren Gegenstände ist — Das Gefühl nimmt das
Fühlbare und das Unfühlbare wahr —

Zwölftes Hauptstück.

Von den Sinnen überhaupt.
Die Sinnen empfinden die Formen ohne Materie — Unterschied des Sinnorgans und dessen Vermögen — Warum die Sinnorgane keine Uebertreibungen aushalten können? — Warum die Pflanzen
nicht empfinden? — Das Sinnorgan muß immer
von empfindbaren Gegenständen afficirt werden —
und das Vermögen dazu haben — Das Medium leidet — und afficirt den Sinnorgan —

Drit=

Innhalt.

Drittes Buch.
Erstes Hauptstück.

Daß es außer diesen fünf Sinnen keinen äuseren mehr gebe, und daß das, allen Sinnen gemeinschaftlich Zukommende, kein eigenes Sinnwerkzeug habe.

Wenn es noch eine andere Empfindung gäbe, die nicht für die 5 Sinne wäre, so müßte es auch ein neues anderes Sinnorgan geben — auch müßte ein neues Medium für diesen Sinn da seyn — Alle vollkommene Thiere empfinden mittelst der gewöhnlichen Medien — Es giebt nur fünf Sinne — Man kann aber auch einen sechsten annehmen, nemlich den Geschlechtssinn — Wir haben keinen eigenen Sinn für das, allen Sinnen — Gemeinschaftliche. — Wie dasselbe empfunden werde? — Daß kein äuserer Sinn zwei Empfindungen beurtheile. — Ob es gut wäre, wenn wir einen einzigen Sinn hätten?—Ob der Sinn sich selbst und seine Handlung empfinde? — Das Gesicht kann nicht sich selbst und die Gesichtshandlung empfinden. — Die wirkliche Handlung des Empfindbaren und die wirkliche Empfindung sind zwar das Nemliche, aber auch von einander unterschieden—Das Wirken und Leiden in wirklicher Empfindung sind in dem leidenden Empfindendem—Ob das Empfindbare mit dem Empfindendem zu Grunde gehe? — Zurechtweisung der alten Naturforscher.—Die Sinne haben gegen das Empfindbare ein bestimmtes Verhältniß.—

Zweites Hauptstück.
Vom innerem Sinne.

Jeder Sinn unterscheidet das ihm eigenthümlich Zukommende.—Durch Empfindung unterscheiden wir mehrere den verschiedenen innen eigenthümlich zukommende Empfindungen. — Unterschiedene Sinne können nicht unterschiedene Gegenstände in unterschiedener Zeit unterscheiden. — Der innere Sinn ist der

Zahl

Innhalt.

Sechs-

Innhalt.

Innhalt.

tasmata. — Das Wahre und Falsche ist beinahe von der nemlichen Art, wie das Gute und Böse. — Ueber welche Dinge wir denken können.

Neuntes Hauptstück.

Vergleichung des Verstandes mit der Sinnlichkeit und der Phantasie.

Die Seele enthält in einer gewissen Bedeutung die ganze Natur in sich. — Der Verstand ist die Möglichkeit alles Denkbaren, und die Sinnlichkeit die Möglichkeit alles Empfindbaren. — Die Einbildungskraft ist keine Meinung und vom Verstande und der Sinnlichkeit unterschieden. —

Zehntes Hauptstück.

Einige Zweifel über das Vermögen sich zu bewegen.

Fragen über dies Vermögen. — Angebliche Theile der Seele. — Widerlegung. — Die Bewegung kommt nicht vom ernährendem Vermögen; — nicht vom empfindendem Vermögen; — nicht vom Verstande noch von der Vernunft; — auch nicht vom Begehrungsvermögen allein her. —

Eilftes Hauptstück.

Welches die Ursache der Selbstbewegung sey?

Das Begehrungsvermögen und der Verstand sind das Princip der Selbstbewegung. — Das praktisch Gute reizt uns durch das Begehrungsvermögen zu Handlungen. — Eintheilung der Seele in ihre Vermögen. — Woher der Widerstreit der Vernunft und der Begierlichkeit komme? — Wie vielerlei das uns reizende Begehrte sey? — Daß in der Bewegung drei Dinge zu merken sind. — In wie ferne die Thiere begehren? — Wie unvollkommene Thiere bewegt werden und begehren? — Was in Widerstreite der Vernunft mit dem sinnlichem Begehren die Oberhand erhält? — Was die speculative und praktische Vernunft für einen Einfluß auf die Bewegung haben? —

Zwölf-

Innhalt.

Zwölftes Hauptstück.

Vergleichung der ernährenden, empfindenden und vergleichenden Seele.

In allen lebenden Geschöpfen muß ein ernährendes Vermögen seyn. — Jedes lebende Thier muß Empfindung haben; — zum wenigsten den Sinn des Gefühls. — Die übrigen Sinne sind in Thieren des Guten wegen — Die äuseren Media leiden eine Veränderung. — Der Körper des Thieres kann kein einfaches Wesen seyn — Er ist nicht Etwas Erdigtes. — Die Uebertreibungen des Fühlbaren zerstören den Sinn des Gefühls, und durch ihn das Thier.—

Vorrede.

———

Alle Wiſſenſchaften und Fertigkeiten; alle
Geg·nſtände der Natur und Kunſt werden
entweder von uns empfunden oder gedacht.
Denn alles in der uns erkennbaren Natur
iſt entweder ein Gegenſtand von Außen oder
ein Gedanke von Innen. Alle Erkenntniß
alſo ſetzt das Vermögen zu empfinden und
zu denken voraus. Wir mögen uns daher
entweder zur Bebauung dieſes oder jenes wiſ-
ſenſchaftlichen Feldes entſchließen, oder uns
auch bemühen dieſes oder jenes Gewerbe zu
treiben: ſo müſſen wir in beyden Fällen, —

)(wenn

wenn wir es nemlich über das Mittelmäßige bringen wollen — eine kultivirte Empfindungs und Denkungsfähigkeit in uns besitzen. Was kann daher wohl eines menschlichen Geistes würdiger seyn als diejenige Wissenschaft, die uns über diese Vermögen Unterricht ertheilt; und die uns, während sie uns unterrichtet, auf den höchsten Grad menschlicher Aufklärung erhebt! —

Diese und ähnliche Betrachtungen bestimmten mich von jeher zum Studium der Philosophie. — Ich suchte bey ihr Wahrheit und Beruhigung, ich suchte aber vergeblich. Bis ich endlich von den Werken eines Kants und eines Reinholds erleuchtet den Faden bemerkte, der mich aus dem ängstlichen Labyrinthe herausleitete. Bey ihnen fand ich, was ich suchte.

Da ich nun aber, vermög meiner Berufsarbeiten größtentheils unter Römern und Griechen wandelte; dieses letztere bewunderungswürdige Volk aber ganz besonders meine Aufmerksamkeit auf sich zog; so war ich begierig, mich mit dem tiefdenkenden Aristoteles

teles bekannter zu machen; um zu erfahren, was der Scharffinnigste unter ihnen von den wichtigsten Wahrheiten der Menschheit gehalten habe. Denn wahrlich! wenn je eine Nation die Aufmerksamkeit eines Philosophen verdient, so ist es gewiß diese. Denn keine Nation des Alterthums hat einen so hohen Grad von Ausbildung erstiegen; keine hat so viele philosophische Gesetzgeber, keine hat Aristotelese, keine hat Platone aufzuweisen.

Ich habe aus den Werken des Aristoteles die Bücher über die Seele ausgehoben, weil sie gleichsam in nucleo die Darstellung des Empfindungs-und Erkenntnißvermögens enthalten. Ich glaube den philosophischen Publikum durch die Uibersetzung dieser Bücher kein ganz gleichgültiges Geschenk zu machen; weil, so viel ich weiß, von diesen Büchern keine deutsche Uebersetzung existirt; und weil die aristotelischen philosophischen Werke, und unter diesen auch die Bücher über die Seele, der Grund und Boden sind, in welchem jener Keim liegt, aus dem, durch die glückliche Wartung unseres unsterblichen Kants der schöne Stamm

)(2   der

der Vernunft emporgestiegen ist, der nun
zum Wohle und Glücke der Menschheit blüht,
und von dem erst unsere Nachkömmlinge die
süßen Früchte genießen werden. Welchem
Freunde der Wahrheit muß es nicht das an-
genehmste Schauspiel seyn, die schöne Göt-
tinn der Philosophie, die so eben vor unseren Augen in die Jahre der Mannbarkeit
übertritt, in ihrer Kindheit, noch von Milch
genährt zu erblicken, hören, wie sie schon jene Weisheit lallt, die sie heut zu Tage ihren
zärtlichsten Freunden laut und deutlich offenbaret? —

Diese Bücher über die Seele können als
ein Appendix zu Kants critischen Werken angesehen werden; welcher seinen Lesern den
rohen Umriß und die gröbsten Lineamente
von dem zeugt, was Kant ausgezeichnet,
tiefer eingeprägt, verfeinert, verdeutlicht,
ausgemahlt, und zum schönsten Gemälde gemacht hat. — Oder sie können auch als eine
Art von Propaedevtik zu Kants critischen
Werken dienen, um dem Verstande einleuchtend zu machen, wie die Vernunft von ihrer
rohen Arbeit zu ihrer gänzlichen Vollendung
über-

übergegangen ist; wie sie vom rohen Umriße ein so schönes Gemählde verfertigt hat, das in unseren Tagen alle Freunde der Wahrheit bewundern.

Meinen Lesern erstlich sagen wollen, daß Aristoteles ein Mann von ausgebreiteter und tiefer Gelehrsamkeit sey, ist wahrlich eine ganz überflüßige Sache. Denn man betrachte nur die Anzahl seiner Schriften; überdenke die Aufklärungen, die wir im Fache der Philosophie, der Naturgeschichte, der Physick, der Rhetorik, der Poesie, der Grammatik, der Mathematik und anderer bloß von und durch ihm erhalten haben. Ohne ihm würden wir in diesen Fächern der Literatur um viele Jahrhunderte zurücke seyn. Er ist in Ansehung seiner gründlichen und tiefen Gelehrsamkeit, der wichtigste Philosoph unter den Griechen und derjenige, dem wir in eben der Rücksicht am meisten zu verdanken haben.

Doch dörfen wir, nebst dem Tiefsinne und der Gründlichkeit seiner Schriften, seine beynahe unglaubliche und unsägliche Belesenheit

heit nicht unbemerkt laſſen. Er bearbeitet
keinen Gegenſtand, ohne zuvor die Meynun=
gen aller ſeiner Vorgänger erzählt, geprüft
und widerlegt zu haben. Wovon das ganze
erſte Buch von der Seele ein handgreiflicher
Beweiß iſt. Er iſt ein wahres Magazin für
die Geſchichte der Gelehrſamkeit, und beſon=
ders für die Geſchichte der Philoſophie. Ja,
ich glaube, daß es nicht eher möglich iſt,
eine vollſtändige Geſchichte der Philoſophie
der Griechen zu erwarten, als bis der, an
philoſophiſchen Meynungen ſeiner Vorgänger
unglaublich reiche Ariſtoteles, aus ſeiner
Dunkelheit hervorgezogen und von mehrerern
Gelehrten bearbeitet ſeyn wird.

Ich will jedoch denſelben nicht von allen
Fehlern frey ſprechen. Er war eben ſo gut
ein Menſch als alle unſere Schriftſteller Men=
ſchen ſind. — Daß man in ihm ſcholaſtiſche
Spitzfindigkeiten der Menge findet, iſt ihm
eben ſo wenig zu verargen, als den deutſchen
Schriftſtellern zu Zeiten Luthers, wenn ſie
unter einander in ziemlich dicke Wortwechſel
gerathen. Beydes entſchuldigen die Sitten
der damaligen Zeiten.

Ich

Ich habe es gewagt mich über dieses Werkchen des Aristoteles zu machen; weil ich, wie ich schon oben sagte, selbst Neigung und Liebe zur Philosophie habe, und weil ich glaube, daß sich kein Schriftsteller zur Uibersetzung eines Werkes anrüste; außer er bearbeitet das nemliche Fach der Literatur aus selbst eigenem innerem Drange. Denn um ein Werk richtig zu übersetzen, muß derjenige, der diese Arbeit über sich nimmt, in den Geist seines Schriftstellers dringen; seine Gedankenfolge kennen lernen; und was bey philosophischen Werken die Hauptsache ist, die Prinzipien zu entziffern wissen, um welche sich die ganze Sinnes-und Denkens-Art des Verfassers dreht; und aus welchen, als aus einem Zentrum alle Gedanken und Begriffe hervorgehen. Welches alles ohne Kenntniß des nemlichen Faches der Litteratur ohnmöglich geschehen kann.

Ich überlaß die Bücher des Aristoteles über die Seele nach Havenreuters Ausgabe, unter dem Titel: Commentarii Ioannis Ludovici Havenreuteri Med. Doct. Profes, & Archiatri Argentinensis. — in Arestotelis — Philosophorum

rum principis — De animo & parva naturalia dictos libros. Omnibus philosophiæ studiosis apprime utiles & necessarii. Francofurti E Collegio Musarum Paltheniano. M. D. C. V. Als ich sie das erstemal laß, verlohr ich beynahe allen Muth; denn sowohl die Unkorrectheit des Textes, als die Dunkelheit der Schreibart drückten mich sehr darnieder. Demohngeachtet fieng ich in diesen Finsternißen manche Blitze auf, die mich auf die Schätze muthmaßen ließen, die hier verborgen seyn konnten. Dieses und noch folgender Umstand, der vielen wunderbar scheinen wird, erhoben wieder meinen Muth. Ich sahe, daß Brucker in seiner Historia critica Philosophiæ, wo er von der Philosophie des Aristoteles spricht, sich untersteht, den scharfsinnigsten Philosophen, beynahe für nichts besseres, als einen philosophischen Charlatan zu erklären; den witzigen Plato auf seinen Ruinen zu erheben; und besonders über die Bücher von der Seele seinen Unwillen zu äußern. Ich sah gar bald, daß Brucker zwar ein großer Gelehrter, aber kein großer Philosoph sey. Ich war um so begieriger das zu enthüllen, was Brucker für einige Dunkelheit hielt. Ich

wag-

wagte es daher das Werkchen noch einmal
zu überlesen. Ich freute mich ungemein mehr
Licht zu sehen. Nun entschloß ich mich das
in deutscher Sprache niederzusetzen, was mir
Aristoteles in griechischer zu sagen schien.
Hier gieng mir in der Sache das volleste
Licht auf.

Jedoch darf ich hier nicht vergessen, mit
dem dankvollesten Herzen zu gestehen, daß
ich eigentlich nur der kritischen Philosophie
dieses Licht verdanke. Denn ich glaube zu-
versichtlich, daß nur sie der Schlüßel zur aristotelischen Philosopie ist. —

So wie derjenige, der ein Gemählde
nach den Regeln der Kunst und des Geschmä-
ckes kennen gelernt hat, sehr leichte im groben Umriße von eben demselben, die einzelnen Farbenstriche, die rohen Lineamente
und die kaum bemerkbaren Zeichendeutungen
enträthselt, so halte ich dafür, daß nur ein
kritischer Philosoph in den Geist der aristotelischen Schriften glücklich eindringen könne.
Ich will nicht etwa damit gesagt haben, als
ob ich dieser Mann wäre. Nein! ich habe

nur einen Versuch gemacht, den sonst so dunklen Aristoteles für meine Landsleute, so gut
ich es verstehe, zu erleuchten. Ich zweifle
gar nicht, daß es Männer giebt, die mit
mehr Kenntnißen ausgerüstet, viele Fehler
entdecken werden, welches bey der Uibersetzung eines Aristoteles nicht anders seyn kann.
Ja, ich gestehe, daß hin und her einzelne
Stellen sind, in die man nur auf eine beynahe erzwungene Art einigen Sinn bringen
kann. Doch hab ich das Meinige, als ein
rechtschaffener Mann gethan. Ich habe den
Text hin und her zu verbessern gesucht; ich
habe die oft äußerst kurzen und dunklen Stellen mehr als zwanzigmal überlesen; bis ich
durch eine übersetzte Interpunktion oder durch
die Errathung eines ausgelassenen Wortes;
durch angestrengtes Nachforschen, was hier
wohl Aristoteles gedacht oder bey seinen Schülern vorausgesetzt haben mochte, einen mit
dem Ganzen zusammenhängenden Sinn her-
ausbrachte.

Ich hielte es vorzüglich für meine Pflicht,
den Prinzipien des Aristoteles nachzuspüren,
und das Ganze bey einzelnen Stellen nie
aus

aus den Augen zu laſſen. Es iſt bekannt, daß Ariſtoteles ſeine Bücher und ſeinen Unterricht in zwey Theile zertheilte; die einen nennte er ἐξωτερικοι; die anderen ακροάματικοι.* Jene waren für jedermann, und den Unterricht hierüber konnten alle Jünglinge ohne Auswahl anhören; dieſe aber waren nur für eine beſtimmte auserwählte Klaſſe verſtändlich, und für die übrigen ein Geheimniß; und den.

---

*) Ariſtoteles commentationum ſuarum duas claſſes conſtituebat; alia enim erat, quæ nominabat ἐξωτερικὰ aliā, quæ appellabat ακρααματικα illa dicebantur, quæ ad rhetoricas meditationes facultatum, argutiarum, civiliumque rerum notitiam conducebant: hæc autem vocabantur, in quibus philoſophia remotior, ſubtiliorque agitabatur, quæque ad naturæ contemplationes, diſceptatioueſue dialecticas pertineret. Huic diſciplinæ acroamaticæ tempus exercendæ dabat in Liceo matutinum. Nec ad eamtemere quemquam admittebat, niſi quorum ante ingenium et eruditionis elementa, atque in diſcendo ſtudium laboremque exploraſſet. Illas vero exotericas eodem in loco veſperi faciebat, easque vulgo juvenibus abſque delectu dabat, atque eam δειλινον περιπατον appellabat, illam alteram ſupra, ἐωθινον. Utroque enim tempore ambulans diſſerebat, libroſque ſuos earum rerum omnium commentarios ſeorſim diviſit, ut alii ἐξωτερικοι dicerentur, partim ακροὰματικοι

Gellius.

den Unterricht hierüber konnten nur Jünglinge genießen, derer Fähigkeiten, Fleiß und
Talente die Probe hielten. Gellius erzählt,
Alexander habe ihm Vorwürfe gemacht, daß
er die acroamatischen Bücher divulgirt hätte.
Allein Aristoteles antwortete ihm: er habe
sie so herausgegeben, daß sie nur diejenigen verstehen könnten, die seinen Unterricht hierüber
genoßen hätten. Daher glaubte ich mich
nicht an diesen Werkchen über die Seele zu
versündigen, wenn ich bey oft unbegreifli-
chen Dunkelheiten mir Auslegungen und Veränderungen erlaubte, die jedoch immer mit
dem Ganzen dieses Werkes und mit den
Prinzipien, dieses Philosophen, so weit sie
mir bekannt waren, übereinstimmen.

     Nachdem ich nun so gearbeitet hatte,
reiste ich in Ferien nach Prag, um andere
Auflagen in der öffentlichen k. k. Bibliothek
hierüber zu Rathe zu ziehen, und um theils
den Text zu verbessern, theils mittelst anderer Commentatoren in dunklen Stellen mehr
Licht zu erhalten. Indessen hatte ich doch
                                    durch

durch die Güte des so würdigen Herrn
Bibliothekars Ungar Gelegenheit, Duwalls Ausgabe der aristotelischen Werke zu benutzen. Wo ich sodann noch manche Verbesserungen zu machen Gelegenheit
hatte. — Auf diese Art entstand diese Uebersetzung.

Ich wünschte, daß jeder Gelehrte seinem
Werke in der Vorrede einschaltete, wie er
veranlaßt wurde, diese oder jene literarische
Arbeit zu übernehmen; weil die Literärge-
schichte, und die Kenntniß von den Schick-
salen und den geheimen Entwicklungen des
menschlichen Geistes ungemein gewännen.

In Ansehung des übersetzten Werkes
hab ich noch folgende Anmerkungen zu
machen:

Obschon diese Bücher des Aristoteles
den Titel über die Seele haben, so handelt
er hier doch eigentlich von dem beseelten Körper; so wie er im 4ten Buche der Erscheinungen, vom unbeseelten Körper handelt.

Zu

Zu jenen Büchern gehören noch als Supple-
mente folgende aristotelische Werkchen: περι
αισθησεωσ και αισθητων über die Empfindung
und das empfindbare; περι μνημης και αναμνησε-
ως über das Gedächtniß und die Erinnerungs-
kraft; περι υπνυ και εγρηγορσεως über das
Schlafen und Wachen; περι ενυπνιων über das
Träumen; περι τησ καθ'υπνον μαντικης, über
die Ahndungen durch den Schlaf (durch
Träume.) περι της κοινης των ζωων κινησεως,
über die Bewegung der Thiere; περι μακρο-
βωτητος και βραχυβωτητος über das lange und
kurze Leben; περι νεοτητος και γηρως, περι ζωης
και θανάτου über die Jugend und über das
Alter, über das Leben und übern Tod; περι
αναπνοης über das Athemholen. Eigentlich
hätte die Uibersetzung dieser Schriften mit
den Büchern über die Seele erscheinen sollen; allein Mangel an Hilfsmitteln und
Mangel an Zeit haben mich davon gehindert.
Sollten aber competente Richter diese geschе-
hene Unternehmung nicht als unnütz ansehen,
so könnte es vielleicht geschehen, daß ich mich
auch über diese Schriften wagte; wenn es
nemlich meine sonstigen Berufsgeschäfte nicht
unmöglich machen.

                                Ari-

Aristoteles theilt dieß Werkchen in 3
Bücher. Im ersten erzählt er die Meynungen
der Alten über die Seele, und widerlegt sie,
im zweyten stellt er seine eigene Meynung über
die Seele und ihre Eigenschaften auf; und
zwar erstlich überhaupt; sodann aber insbesondere vom Ernährungsvermögen und in
Ansehung des Empfindungsvermögens vorzüglich von äußern Sinnen. Im dritten vom
innerem Sinne, vom Verstande und von
der Vernunft; von der Bewegung und dem
thierischen Körper,

Das erste Buch ist nach Havenreuters
Ausgabe in 5 Hauptstücke zertheilt. Die
Commentatoren pflegen auch das ganze Buch
in 2 Theile zu zertheilen; wovon der erste
die Vorrede und der 2te die Darstellung und
Widerlegung der Meynungen der Alten enthält. Indessen gehen wir vor dieser Eintheilung vorüber, weil sie ihrer Ungleichheit
wegen, eben nicht so nützlich ist, als die in
Hauptstücke, welche gleichsam Ruhepunkte
für die Leser abgeben. Nach Pacius aber
ist das erste Buch in 9 Hauptstücke getheilt
den ich auch in Ansehung dieser Abtheilung

ge-

gefolgt bin, weil es für die Leser angeneh=
mer ist, mehrere schicklichere Orte zum Aus=
ruhen zu finden. Obschon ich gestehe, daß
Havenreuters Eintheilung nicht zu verach=
ten ist.

Das zweyte Buch ist in 12 Hauptstücke
zertheilt. Die Commentatoren haben es auch
noch in Ansehung des Inhalts in vier Theile
getheilt; der 1ste handelt von der Bestim=
mung und dem Wesen der Seele; der 2te
von den Vermögen, in welche die Seele ge=
theilt wird, überhaupt; der 3te von den Er=
nährungsvermögen; der 4te vom Empfin=
dungs-Vermögen und besonders von äuseren
Sinnen.

Von den Sinnen, das Gesicht ausge=
nommen, hab ich dasjenige, was nach neue=
ren Beobachtungen angemerkt werden könn=
te, weggelassen; weil ich sonst, wider den
Zweck unsers Aristoteles, eine Art von Ab=
handlung über jeden Sinn hätte beyfügen
müssen; da doch hier nicht ex professo über
diese Gegenstände gehandelt wird, sondern
nur in so fern berühret werden, als sie zum

Zwe=

Zwecke des Ganzen etwas beytragen; auch spricht Ariſtoteles ſo allgemein und dabey ſo ſcharfſinnig und richtig, daß alle anderwei= tige Anmerkungen überflüßig wären.

Das 3te Buch iſt in dreyzehn Haupt= ſtücke zertheilt; welche in Anſehung des In= halts nach Pacius's Uiberſetzung in vier Haupttheile zuſammengeſetzt werden; von denen der 1te von der Zahl der äußern Sin= ne; der 2te von inneren Sinnen, der 3te vom Erkenntnißvermögen; und der 4te vom Vermögen ſich zu bewegen, und vom Begeh= rungsvermögen handelt. Einige Commen= tatoren, als Averes, Albertus Magnus und andere fangen dieſes Buch erſt beym dritten Capitel an. Wir aber folgen Havenreuters Eintheilung; der nach Philoponus, Themi= ſtius und Thomas dieſe 3 Kapitel zum drit= ten Buche nimt; wir haben aber noch einen beſondern Grund die letztere Eintheilung in unſerer Uiberſetzung anzunehmen; weil die= ſes 3te Buch von der denkenden Seele alleins zu handeln ſcheint, und mithin das Erkennt= nißvermögen in ſofern es zum Zwecke gehört, erläutert; zu welchen, wie bekannt, die

)()(Sinn=

Sinnlichkeit gehört. Mithin können das er=
ste und zweyte und dritte Kapitel als eine
gleichsam in Grundlinien abgezeichnete Lehre
von der Sinnlichkeit angesehen werden; in
welcher Rücksicht sie sodann allerdings zu
diesem Buche gehörte.

Ich habe im 3ten Buche, im 2ten und
3ten Kapitel Duwalls Ausgabe befolgt. Er
nimt die Hälfte des 2ten Kapitels nach
Havenreuter zum 1ten, weil dort noch von
äußern Sinnen die Rede ist; und fängt in
der Mitten des 2ten erst sein zweytes Kapi=
tel an, weil dort die Lehre vom inneren
Sinne ihren Anfang nimt, der das jedem
äußeren Sinn eigenthümlich Zukommende ge=
meinschaftlich zusammenstellt und beurtheilt
und mithin wesentlich von äußeren Sinnen
unterschieden ist.

Daß die Schriften des Aristoteles oft
nicht nur in ganzen Stellen; im Zusammen=
hange nemlich, sondern auch in einzelnen
Worten äußerst dunkel und schwankend sind,
will ich nur zur Probe dasjenige Wort an=
führen, auf dem gewißer Maaßen das gan=
ze

ze Werk beruht. Er nennt nemlich die Seele εντελεχεια. Dieß Wort ist von jeher der
Zankapfel der Critiker und Grammatiker gewesen. Cicero übersetzt es mit motio conti-
nuata & perennis. Allein dieß ist ganz unrichtig; weil Aristoteles der Seele keine Bewegung beylegt. Pacius und Havenreuter übersetzen es mit actus primus. Allein was ist
das? — was heißt dieß? — Es hängt weder mit dem Ganzen des Werkes, noch mit
den Principien des Aristoteles zusammen. —
Ein gewißer Hermolauus hat es mit perfecti-
habia übersetzt. Der Sinn dieses Wortes
scheint uns freylich dem Gedanken des Aristoteles am nächsten zu kommen; wenn nur
der Ausdruck nicht so barbarisch und die Bedeutung zum Theile schwankend wäre. —

Ich habe die Gründe aller geprüft, kann
aber keinem meinen Beyfall ertheilen. Ich
zog hierüber den Suidas zu Rathe, der dieses
Wort auf folgende Art bestimmt: Εντελεχεια
Perfectio & subjecti, sive rei subjectæ forma.
Hæc est forma, quæ ex certa elementorum col-
locatione & compositione ad materiam accedit,
vel inseparabilis forma corporis. Nam εντελεχεια

)( )(2   est

eſt forma & perfectio corporis. Dicitur autem
ɛντɛλɛχɛιɑ id, quod a corpore ſeperatum eſt, ut
nauta a navi. Quæ ɛντɛλɛχɛιɑ, cum ſit extrinſe-
cus, ordinat & exornat, & perficit ſubjectum.
Quum igitur Ariſtotoles ɛντɛλɛχɛιɑν dicit, brutam
& naturalem animam dicit, & inſeparabilem en-
telechiæ formam dicit. Quum vero rationis ca-
pacem ac rationis participem animam vocat entelechiam, ſeparatam a corpore fermam intelli-
git. Entelechia eſt forma. Dicta autem eſt
ɛντɛλɛχɛιɑ quod unum quiddam, & perfectum
& continens ſit. Etenim forma unionis et per-
fectionis cauſa eſt materiæ. Nam & perfectio
eſt ſubjecti, idque continet. Nam a ſua entelechia, i. e. a ſua forma præcipue, unum quod-
que dicitur, id, quod eſt, ſiquidem & ſtatua hoc
ipſum ſtatuæ nomen habet, a ſua forma, non
autem a materia, ex qua confecta eſt, necæ
ſimpliciter apellatur. Porphyrius, ille Philoſo-
phus Tyrius, qui contra Chriſtianos ſcripſit, animam vocat entelechiam.

Ich muß geſtehen, daß mir dieſe Be-
teutung mit dem Zuſammenhange des Ganzen, und mit den Principien des Ariſtoteles
am beſten zu harmoniren ſcheint. Ich habe
dieß

dieß Wort daher mit endliche Vollendung
und Hauptform des Körpers oder kürzer,
endlich vollendende Form des Körpers übersetzt."

Die Worte Aesthemata und Phantasmata scheinen mir so gut den Sinn dieser
Worte zu bestimmen, daß ich wider die Deutlichkeit und Präcision zu handeln geglaubt
hätte, wenn ich sie nicht beybehalten hätte.

Alle Anmerkungen sind entweder kurz
und mit dem Texte aufs Innigste verwebt;
oder lang und von den Innhalte einigermaßen entfernt. Jene hab ich in Text aufgenommen; jedoch durch Einklammerung unterschieden. Diese aber sind außer demselben. Diese Art einen dunklen Schriftsteller
zu übersetzen verbreitet über den Text ein sehr
vortheilhaftes Licht; so zwar, daß wenn jene kleine Anmerkungen, die oft in einem einzigem Worte bestehen, außer dem Texte wären, die Obscurität die nemliche bliebe und die
zu häufigen Anmerkungen den Leser ermüden
und abschrecken würden.

Daß

Daß ich mich nicht mehrerer und anderer Hilfsmittel z. B. der italienischen Uebersetzung bediente, ist die Schuld meiner Lage. Und ohngeachtet aller Mühe war es nicht möglich die italienische Uebersetzung zur Hand zu bekommen.

Ich habe gethan, was ich konnte. Es giebt freylich Männer, die es vielleicht besser gemacht hätten. Allein ich habe meinen Zweck erreicht, wenn ich durch meine unsägliche Mühe nur einiges Licht über ein Werkchen verbreitete, das mit einem undurchdringlichen Dunkel übernebelt zu seyn schien.

Eemmethau den 23ten des Januars 1794.

Michael Wenzl Voigt
Professor der Redekunst.

Erstes Buch.

Erstes Hauptstück.

Von der Würde, von dem Nutzen und von den Schwierigkeiten einer wissenschaftlichen Kenntniß von der Seele.

Wenn wir die Anmuth und Würde einer Wissenschaft beurtheilen, so pflegen wir die eine, der anderen vorzuziehen, theils, weil sie einen entschiedenen inneren Werth besitzt (in Ansehung ihrer systematischen Form, und der, durch sie, dargestellten inneren Wahrheit,) und theils, weil sie mehr nützt, und von bewunderungswürdigeren (vorzüglicheren) Gegenständen handelt. Die Kenntniß von der Seele aber, vereiniget beyde dieser Eigenschaften; sie kann daher unter den Wissenschaften, nicht mit Unrecht, einen der ersten Plätze behaupten. Ihre Kenntniß scheint nicht nur zur Wahrheit überhaupt, sondern, und zwar vorzüglich, zur Kenntniß der Natur sehr viel bey-

zu-

zutragen; weil sie gleichsam das (formale) Prinzip aller lebenden Geschöpfe ist. * Daher bemühen wir uns die Natur und das Wesen der Seele;
und sodann dasjenige kennen zu lernen, was ihr
nur zufällig zukommt (ihre außerwesentlichen Eigenschaften) von welchem ihr einiges allein eigen
ist, (z. B. das Dencken) einiges hingegen, durch
sie, den Thieren gemeinschaftlich zukommt. (z. B.
das Leben, das Empfinden rc.)

Allein es ist, wenn man die Sache von allen Seiten betrachtet, eine äuserst schwere Unternehmung. Da die Untersuchung von dem Wesen
der Seele nemlich, und was sie eigentlich ist? —
auch weit mehreren anderen Dingen gemein ist,
(weil die Seele das formale Princip aller Dinge
ist) so könnte man glauben, daß es nur eine einzige Methode geben könne, das Wesen der Dinge, die wir zu erforschen trachten, (die Seele
nemlich kennen) zu lernen; so wie es einen einzigen Weg, in Ansehung der eigenthümlich zukommenden Accidentien, giebt, nemlich die Demonstration. (Man muß nemlich beweisen daß das
Accidens zu diesem Gegenstande gehöre) Daher
müssen wir diese Methode aufsuchen. — Ist sie
aber nicht die einzige und gemeinschaftliche, so würde

---

* Auch wurde die Seele von einigen Alten für
einen Strahl und Ausfluß der Gottheit gehalten, welcher auf die Leitung und Beschaffenheit
der natürlichen Körper einen ganz besonderen
Einfluß habe.

de uns die Behandlung dieses Gegenstandes sehr
erschwert. Denn man müßte zu jedem Dinge,
(dessen Seele man wissen will) die Methode suchen. — Wenn sich nun aber offenbaret, daß der
Weg der Demonstration, (wie Hypokrates meyn-
te) oder die Zergliederung des Gegenstandes, (wie
Plato vorgab) oder auch ein ganz anderes Beneh-
men jene Methode wäre; so wird es noch viele
Irrthümer und Schwierigkeiten geben, über die
man Untersuchungen anstellen muß. Denn verschiedene Dinge haben verschiedene Principien (aus
denen ihre Wesenheit hergeleitet werden muß,)
wie z. B. Zahlen und Oberflächen *

Vor allem Anderem ist es nothwendig die
Seele zu unterscheiden, und zu bestimmen, zu welcher Gattung sie gehöre, und was sie sey? —
ob sie eine Substanz sey, ob sie unter die Quantität, oder unter die Qualität oder auch unter eine
andere Gattung der Categorien gehöre? — **
Endlich ob sie ein bloßes Vermögen oder die endlich.

a 2

---

* Zahlen sind ein Aggregat von Einheiten; Oberflächen aber zwischen Linien eingeschlossene Räu-
me. Jene setzen Einheit, diese Ausdehnung voraus.

** Plato in Timäus glaubt: die Seele sey eine
Substanz; Xenokrates hält sie für eine Quantität; und der Peripatetiker Andronikus für eine Qualität. — Die Categorien sind die Formen des Denkens, durch welche der Verstand,
dem durch die Einbildungskraft verknüpften Man-
nig-

lich vollendende Form des Körpers ist. * Denn
diesen Unterschied darf man nicht für geringfügig
halten.

Auch muß man untersuchen, ob sie theilbar
ist, oder sich nicht theilen lasse? — ** Ob alle
Seelen von einerley Art sind, oder nicht? — Und
wenn sie nicht von der nemlichen Art sind, ob nur,
in Ansehung der Art, oder nicht etwa auch in
Ansehung der Gattung ein Unterschied statt finde?
— Denn diejenigen, die bisher über die Seele
sprachen und nachdachten, scheinen bloß die menschliche Seele, hrer Aufmerksamkeit gewürdiget zu
haben. *** Dabey muß man aber nicht vergessen,

ob

---

nigfaltigen der Anschauung, Einheit des Bewußtseyn giebt. Hier setzt Aristoteles die Kenntniß der Tafeln voraus, in welchen die Categorien hergezählt werden. Es ist also hier die Frage: unter welche der Categorien die Seele zu
zählen sey? — Siehe Κατηγοριαι Αρίϛοτε-
λϗς.

* Siehe die Vorrede dieses Buches, wo die Erklärung des Wortes εντελεχεια zu finden ist.

** Wie Plato z. B. glaubte; daß sie in 3 Thei-
le getheilt werde, wie wir unten hören werden;
nemlich in die vernünftige Seele, die im Kopfe
wohnt; in die zornige (leidenschaftliche) Seele; welcher in der Brust ihr Wohnsitz angewie-
sen ist; und in die (thierische) Begierden verlangende; welche unter das Zwerchfell verwie-
sen wurde. Cicero Tusculan. quæst.

*** Ohne Zweifel meint Aristoteles, daß, da eine
Gattung in näherer und entfernterer Rücksicht

ge-

ob die Seele in jedem Thiere eine und die nämliche Bestimmung λογος zulasse; oder ob sie im jedem besonderem Thiere eine andere habe; wie z. B. im Pferde, im Hunde, im Menschen, in einem Gotte? — * Ein Thier aber in einen allgemeinen Begriff zusammengenommen, ist entweder nichts, (reelles außer uns) oder (den einzelnen Empfindungen welche von der Einbildungskraft verknüpft werden,) nachfolgend. (Eine Folge aus der Verknüpfung des Mannigfaltigen der Anschauungen.) — Eoen so ist es in anderen, wenn ihnen nemlich ein allgemeiner Begriff ertheilt wird. — **

Wenn

---

genommen werden kann, die Frage entstehe: ob die Seele, wenn es auch einen Unterschied der Art nach giebt, auch in Ansehung der näheren Gattung unterschieden sey? — So ist z. B. ein Mensch und eine Karpe von der nemlichen Art, in Ansehung der entfernteren Gattung; indem nemlich beide unter die Thiere gehören. In Ansehung der näheren Gattung aber; indem der Mensch zu den säugenden Thieren; die Karpe aber unter die Fische gehört, sind sie nicht einerley.

* Aristoteles scheint hier deswegen die Seele Gottes anzuführen, weil einige Philosophen glaubten, Gott sey ein unsterbliches Thier.

** Folglich auch mit der Seele; wenn ihr ein Begriff ertheilt wird, der alle Seelen in sich begreift; es wird nemlich das gemeinschaftliche aller Seelen abstrahirt und in eine Einheit verbunden, wo sodann eine den einzelnen Begriffen, nachfolgende Seele herauskommt.

Wenn es übrigens nicht mehrere Seelen (in einem Subjekte,) sondern Theile (einer und ebenderselben Seele) giebt, soll man eher die Seele im Ganzen oder ihre Theile untersuchen? — Es ist auch schwer zu bestimmen, welche (Theile oder Eigenschaften) unter einander und von einander unterschieden sind? — und ob wir in der Untersuchung mit den Theilen, oder mit ihren Wirkungen den Anfang machen sollen; ob wir nemlich eher das Erkennen, oder das Erkenntnißvermögen, eher das Empfinden oder das Empfindungsvermögen, und so auch bey anderen (Seelenfähigkeiten,) untersuchen sollen? — Wenn wir eher die Functionen (Wirkungen) untersuchen sollen; so entsteht wieder der Zweifel: welche von den gegenüber stehenden (Wirkungen) eher zu untersuchen sind; ob das Empfinden des Empfindungsvermögens, oder das Erkennen des Erkenntnißvermögens? —

Die Bestimmung des Erkennens, was Etwas an sich ist die (Definition des Wesentlichen) scheint aber nicht allein zuträglich, um die Gründe dessen zu begreifen, was einem Wesen (als Accidens) durch sich anhängt; wie in der Mathematik, in welcher man aus dem Begriffe des Geraden und Krummen, der Linie und der Oberfläche erkennt, wie vielen rechten Winkeln, die Winkel eines Dreyecks gleich sind: sondern im Gegentheile tragen die Accidentien zur Kenntniß eines Dinges viel mit bey. Denn da wir vermittelst der Einbildungskraft (welche die Erscheinungen der Sinne verknüpft) von den Accidentien eines

nes

nes Dinges (welche immer Erscheinungen sind)
wo nicht alle, doch die meisten angeben können,
so wird es uns auch gelingen, (eben dadurch) von
der Wesenheit selbst sehr schöne Wahrheiten entdecken zu können. — * Denn die Erkenntniß dessen,
was Etwas ist, (die Definition) ist das Princip aller Gewißheit (in Ansehung dieses Gegenstandes
nemlich.) — ** Wenn daher die Bestimmungen
(Definitionen) uns nicht auf die Erkenntniß der
Acci-

---

* Die Definition eines Dinges bestimmt seine Wesenheit; zeichnet die Gränzen derselben; und
giebt den Fingerzeug und die Anleitung, auch
das aus der Definition, muthmaßlich zu schliessen, was ihr, als Accidens, zukommt. Hingegen können wir von Dingen, deren Natur und
innere Wesenheit, uns eben nicht bekannt ist,
dennoch, wenn ihre Wirkungen nur sonst in den
Gränzen des menschlichen Empfindungs und Erkenntnißvermögens liegen; über ihre Accidentien, die wir empfinden, und die, durch die Einbildungskraft, unserem Verstandesvermögen ü-
bergeben werden, ein sehr helles Licht erhalten;
indem wir noch aus diesen bekannten Vorstellungen, auf homogene, mit ihnen in Zusammenhang stehende schliessen, und dergestalt die Accidentien, wo nicht alle, doch die meisten errathen: Welche Kenntniß über die Natur der Wesenheit des Dinges ein sehr vortheilhaftes Licht
verbreitet.

** Von der Definition komme ich auf die Accidentien, wie von der Ursache auf die Wirkung;
und umgekehrt: von den Accidentien schliesse ich
auf ihre Wesen, wie von der Wirkung auf die
Ursache.

Accidentien führen, oder wohl gar uns nicht einmal auf die Vermuthung derselben leiten, so ist
ihre Aufzeichnung eitel und ihre Erklärung dialek-
tisch (scheinbar.)

Auch die Gemüthsbewegungen (Leidenschaften)
erregen mancherley Zweifel: ob sie nemlich ein gemeinschaftliches Gut der Seele und dessen sind,
in welchem die Seele wohnt, oder ob etwa eine
unter ihnen der Seele einzig und eigenthümlich
angehöre? — Diese Unterscheidung (λαβει· dieses Fassen ist zwar nothwendig, aber keineswegs
so leichte. * Denn die meisten halten dafür, daß
sie (die Seele) ohne Körper, weder leide, noch wir-
ke; wie man es auch schon aus dem Zorne, aus
dem Zutrauen, aus der Begierde und vorzüglich
aus der Empfindung bemerken kann. (Die ohne
Körper nicht denkbar sind.) Ihr alleiniges Eigenthum scheint das Denken zu seyn. Wenn es
aber nichts anderes, als ein Vermögen der Einbildungskraft ist, oder doch ohne diese nicht statt
findet, so kann sie auch ohne Körper nichts denken. (Erkennen.) ** Wenn aber einige Functionen

***

* Sie ist nothwendig, weil, wenn es nicht ge-
länge, diese Unterscheidung zu finden, die Seele von dem Körper nicht unterschieden, mithin
nicht erkannt, und folglich gar nichts von ihr
behauptet, also auch ihre Unsterblichkeit als bewiesen, nicht angenommen werden könnte.
** Viele Alte glaubten, unsere Kenntniße wären
nichts, als Combinationen der sinnlichen Ein-
drü-

nen und Gemüthsbewegungen der Seele einzig eigen sind, so ist es möglich, die Seele von allen
übrigen zu unterscheiden. Hat sie aber gar nichts
eigenes, so kann sie (vom Körper) nicht getrennt
werden. In diesem Falle gälte das von ihr, was
(von mathematischen Wahrheiten, z. B.) von einer geraden Linie gilt; welcher, als einer geraden Linie, viele Prädicate zukommen; sie kann z. B. eine
Sphäre aus Erz nur in einem Punkte berühren:
die sie aber, wenn man sie, als getrennt (von der
Sphäre) betrachtet, nicht berühren kann; weil sie
bey dieser Verrichtung) als unzertrennlich, immer
mit einem Körper in Verbindung gedacht werden
muß. *

Alle

---

drücke, und selbst die abstraktesten Wahrheiten,
wären nur Abstraktionen dieser Combinationen.
Dieses Vermögen die sinnlichen Eindrücke zu-
sammenzustellen, und die combinirten Vorstellungen zu verknüpfen, nennten sie Phantasie,
Einbildungskraft. Mithin ist das Denken und
Erkennen, nach dieser Voraussetzung, ohne Körper nicht einmal möglich.

* Den mathematischen Sätzen kommen Prädicate
zu, die sie nur dann am Tag legen, bis sie
den Sinnen vorgestellt werden. Aristoteles
giebt hier selbst ein Beispiel von einer Linie.
Wir wollen zur Deutlichkeit noch eins anführen. Die Winkel eines Triangels sind zwey
rechten gleich. Ich kann diesen Satz nicht eher
Wahrheit einräumen, bis er vor meinen Sinnen construirt da steht. So ist es auch in diesem Falle mit der Seele. Wenn sie vom Körper

Alle Leidenschaften scheinen mit dem Körper in Verbindung zu stehen; Zorn, Güte (Wohlwollen) Furcht, Mitleid, Kühnheit, Freude, Liebe und Haß; bey allen diesen leidet der Körper. Dieß kann man schon daraus ersehen, daß man zu gewißen Zeiten nicht irritirt, noch in Furcht versetzt wird, obschon sehr starke und offenbare Ursachen da sind; während man ein anderesmal von der geringsten und unbedeutendsten Veranlassung bewegt wird, (in Wärme geräth;) wenn nämlich schon im Voraus in dem Körper eine brausende Hitze erregt wurde; wie es sich auch wirklich im Zorne verhält. Noch deutlicher ersieht man dieß bey gewissen Personen, die oft vor einem Nichts, als vor einem furchtbarem Dinge, in ängstliche und furchtsame Bewegungen gerathen.

Wenn sich die Sache so verhält, so ergiebt sich, daß die Leidenschaften materielle Verhältniße sind, und daß ihre Bestimmung (Definition) eben denselben entsprechen müsse; so ist z. B. der Zorn diejenige Bewegung entweder des ganzen Körpers, oder eines Theiles desselben oder nur der Lebenskraft (δυναμεως) welche von dem Körper herkommt, und für den Körper wirkt. Daher ist es die Pflicht eines Naturforschers (Physikers) entweder über die Seelen überhaupt, oder über eine solche (die nemlich, nach dem izt gesagten,

das

----

per nicht getrennt werden kann, so kann sie von uns nicht anders, als mit und im Körper gedacht werden.

das Prinzip aller Leidenschaften wäre,) seine Untersuchungen anzustellen. *

Die Physiker und Dialectiker aber werden jede (von diesen Leidenschaften) z. B. den Zorn auf eine ganz verschiedene Art bestimmen. Denn der eine (der Dialectiker) nennt ihn eine Begierde sich zu rächen, oder so etwas ähnliches. Der andere eine Ebullition des sich um dem Herze befindlichen Geblütes oder der sich eben daselbst befindlichen Wärme. Auf diese Art giebt einer die Materie, der andere die Form, und den vernünftigen Grund (λογος jener Erscheinung) an. Denn dieser vernünftige Grund ist die Form (Bedingung) dessen was in der wirklichen Materie geschieht. Denn sie ist nothwendig in einer Materie, in welcher Etwas (eine Erscheinung) vorgehen wird. Auf eben dieselbe Art wird auch ein Haus definirt; der eine sagt: es sey eine Bedeckung, die uns gegen die Unbequemlichkeiten der Winde, des Regens und der Hitze sichert. Der andere thut dar, daß es aus Steinen, Ziegeln und Holz besteht. Ein anderer nimmt (obige) Form, dieser letzteren (Materie) wegen an, (und verbindet also obige bey-

---

* Was hier Aristoteles im Zweifel hersagt, bestimmt er im 1sten Buche von den Theilen der Thiere im 1sten Kapitel; und zu Ende dieses Hauptstückes. Wo er beweißt, daß der Physiker nur in so ferne die Seele betrachtet, als sie auf dem Körper wirkt. Die Seele aber überhaupt und vorzüglich, in so fern sie denkt und erkennt, fällt der Philosophie anheim.

beyde Definitionen) * — Welcher unter diesen
ist nun der Physiker? — Dieser der die Materie
angiebt, und die Bedingung derselben (Form) über-
sieht? — oder jener, der einzig die Bedingung
(Form) vor Augen hat? — Oder vielmehr der,
welcher beyde verknüpft? — (Da wir diesen zu
unserem Vorhaben nicht brauchen, so entsteht
bloß die Frage:) Was sind beyde vorhergehende?

Oder giebt es vieleicht, außer dem Physiker, einen anderen, der die von der Materie nicht
zu trennenden Leidenschaften, als solche, betrach-
tete? — Der Physiker betrachtet alles, was Operation und Leidenschaft eines solchen Körpers und
einer solchen Materie ist. Mit denjenigen (Be-
schaffenheiten der Materie) aber, die nicht von
der Art sind, beschäftigen sich wieder andere. So
sind einige die Hauptbeschäftigung des Künstlers,
des Handwerksmannes, des Arztes. Die Betrachtung desjenigen, was zwar nicht von den Körpern getrennt werden kann, aber dennoch keine Leidenschaft eines solchen Körpers ist, sondern, als
abgezogen von ihm betrachtet wird, ist das Objekt
der Mathematiker. Dasjenige aber, was von
dem

---

* Aristoteles im zweyten Buche der letzteren Bücher der Analytik, im 10ten Kapitel, giebt 3
Arten von Definitionen an: die formale oder
dialektische; die materiale oder physische; und
die zusammengesetzte; welche in allen Künsten
angewandt wird, die sich mit der Materie beschäftigen.

dem Körper getrennt ist, und als solches betrachtet wird, liegt vorzüglich auf dem Felde der Philosophie.

Doch laßt uns wieder dahin zurückkehren, von woher unsere Untersuchung ausgieng. Wir sagten: daß die Leidenschaften der Seele, als solche, von der Materie der Thiere (der Körper) nicht getrennt werden können; und daß Furcht und Zorn (von der unter ihnen wirkenden Materie) nicht eben so getrennt werden können, wie (die Mathematiker) eine Linie oder Oberfläche (von aller Materie abgeschieden vorstellen.)

Zweytes Hauptstück.

Einige Meynungen der Alten über die Seele und ihre Gründe.

Ehe wir unsere Betrachtungen über die Seele begannen, entstanden in uns schon im Voraus Zweifel und Einwürfe. Es wird daher nothwendig seyn, die Gesinnungen unserer Voreltern über diese Materie abzuhören; um das Richtige aus ihnen herauszuheben, vor dem Unrichtigen aber uns selbst zu warnen.

Am

Am zweckmäßigsten werden wir den Anfang unserer Untersuchung machen, wenn wir vor allem Anderem dasjenige festsetzen, was unserer Seele, ihrer Natur nach, zuzukommen scheint. — Das Belebte ist von dem Unbelebten vorzüglich durch zwey Dinge unterschieden: durch die Bewegung nemlich, und durch die Empfindung.

Auch schon unsere Voreltern haben uns diese zwey (Unterscheidungs‑Merkmale) angezeigt. Denn einige unter ihnen sagen: die Seele sey dasjenige, was hauptsächlich und vorzüglich am ersten den Körper bewegt. Und da sie nun glauben, daß dasjenige, was sich nicht selbst bewegt, auch nicht etwas Anderes bewegen könne, so halten sie die Seele für etwas, das sich selbst bewegt, Daher meinte Demokritus: die Seele sey Feuer und Wärme. Denn, da die Gestalten der Atomen(der kleinsten und untheilbarsten Partikel‑chen) unendlich verschieden sind, so meinte er, die runden machten eigentlich das Feuer und mithin die Seele aus. Von der Art sind die Sonnen‑stäubchen, die wir in Sonnenstrahlen, welche durch das Fenster hereinlecken, bemerken, und die der Saamen aller Dinge und der Urstoff der ganzen Natur wären. — Eben so dachte Leucippus. Daß gerade runde Körperchen (das Feuer und mithin) die Seele ausmachen sollen, thun sie deßwegen, weil dergleichen Kügelchen * am geschicktesten durch
alle

---

* ϛισμος Figürchen. — Eine abderitische Art zu reden, weil Demokritus, wie bekannt,

alle Körper ein und durchdringen können, und weil
sie am leichteſten Bewegung annehmen, und wie=
der mittheilen; daher glauben ſie, daß die Seele
dasjenige ſey, welches in allen Thieren Bewegung
hervorbringt. — Daher war ihnen das Leben nichts
anderes als ein Athmen. Denn ſie meinen, daß,
während jene Kügelchen (die indem ſie ſelbſt äu=
ßerſt mobil ſind, auch die Seele, die aus ſol=
chen Kügelchen beſteht, in Bewegung ſetzten,)
durch die Zuſammenziehung und Zuſammendrü=
ckung des Körpers wieder herausgedrängt würden,
durch die Reſpiration ein gehöriger Erſatz geſchehe,
indem nämlich, durch dieſelbe, andere ähnliche Kü=
gelchen herbeyeilen, die noch dazu, weil ſie die
Seele zuſammen halten, damit ſie nicht gänzlich
verfliege, allen jenen Kügelchen den Ausgang ver=
ſperren, welche ſchon einmal in dem Thiere ſelbſt
ſind. Daher leben Thiere ſo lange, als ſie das
Geſchäfte des Ein und Ausathmens verrichten kön=
nen. *

Was einige Pythagoräer noch zu behaupten
ſuchen ſcheint ganz auf das nehmliche hinauszulau=
fen.

---

aus Abdera war. Weil Ariſtoteles die Eigen=
heit dieſes Wortes ausdrücken wollte, ſo hab
ich es durch Kügelchen überſetzt, obſchon es
eigentlich Figur — Geſtalt heißt.

* Daß alſo auf dieſe Weiſe, ſo lange das gänz=
liche Aushauchen der Kügelchen, durch das
Einhauchen anderer verhindert wird, ſo lange
ein ſolches Gleichgewicht ſtatt findet, und ein
gleich großer Erſatz geſchieht, die Thiere ihr
Leben fortfriſten, und fortexiſtiren.

fen. Denn einige sagen, die Seelen wären die, in der Luft, spielenden Sonnenstäubchen. Ande-re hingegen nennen das die Seele, welches diese Stäubchen in eine solche Bewegung setzt; weil sie selbst bey der größten Ruhe und Stille unaufhör-lich fortspielen. * Eben dahin verlaufen sich je-ne, die da behaupten, die Seele sey dasjenige, was sich selbst bewegt (was das Prinzipium der Bewegung in sich selbst habe). Denn sie glau-ben, die Bewegung sey dasjenige, was der See-le ganz eigentlich und alleinig zukommt; alles Ue-brige hingegen, würde durch die Seele thätig (bewegt), sie selbst aber nur durch sich selbst; weil alles was Bewegung hervorbringt, wieder selbst bewegt worden sey. **

Auf ähnliche Art nennt Anaxagoras die Seele dasjenige, was Bewegung hervorbringt. Und wenn ein anderer *** glaubt: daß das Gemüth (Sinnlichkeit, Verstand und Vernunft) alles

---

* Dieser Meinung soll Archelaus, der Lehrer des Sokrates, zugethan gewesen seyn.
** Dieser Meinung war Timäus und Plato; wie wir aus seinem Phädrus und Timäus, aus dem 10ten Buche von Gesetzen, und noch aus an-deren Stellen seiner Schriften ersehen. Vor-züglich hat er sie in Phädrus dargestellt, wel-che schöne Darstellung uns Cicero in somnio Scipionis und in 1mo Tusculanar. wieder gelie-fert hat.
*** Einige wollen aus dem 8ten Buche des Au-gustinus de civitate Dei diesen Quidam entdeckt ha-

alles bewege, so ist er doch nicht ganz der Meynung des Demokritus. Denn dieser hielt die Seele und das Gemüth (in obiger Bedeutung) schlechterdings für eins und das nemliche, weil er eine jede Erscheinung für Wahrheit erklärte (und mithin Sinnlichkeit, Verstand und Vernunft vermengte, und für Eins und ebendasselbe erklärte.) Daher sage Homer ganz richtig: Hektor (in seinem Blute, auf die Erde hingestreckt,) liege ohne Gemüth da. * Er spreche also nicht vom Gemüthe, als einem Vermögen, die Wahrheit zu begreifen, sondern Seele und Gemüth sind bei ihm einerley. Anaxagoras ist in seinen Behauptungen weniger bestimmt, in vielen Stellen glaubt er, die Seele wäre die Ursache alles Guten und Wahren; ** anderswo aber, will er beweisen, die Seele sey nichts, als das Gemüth. Denn in allen Thieren (ohne Ausnahme) in kleinen sowohl, als in großen; in edleren eben so, als in unedleren nehme man ein Gemüth wahr. Allein jenes Gemüth (in engster Bedeutung) dessen Eigenthum die Weisheit ist, (die gebildete

B   Ver-

---

haben; es soll Archelaus, der Lehrmeister des Sokrates, gewesen seyn.

* Er seye also, indem er des Empfindungsvermögens beraubt sey, auch des Verstandes und der Vernunft beraubt.

** Mithin gleichsam die Leiterinn des Gemüthes, und insbesondere der Vernunft; und also etwas anderes, als das Gemüth überhaupt und die Vernunft insbesondere.

Vernunft) scheint nicht allen Thieren, ja nicht ein=
mal allen Menschen zuzukommen. * Alle diese
also, welche die Bewegung lebendiger Dinge zu
ihrem Hauptaugenmerke machten, glauben, die
Seele sey das, was sich am leichtesten bewegen
könne.

Diejenigen aber, welche das Erkennen und
Empfinden (das Erkenntniß und Empfindungs=
vermögen) der Seele vorzüglich betrachten,
behaupten: die Seele enthalte die Urstoffe al=
ler Dinge. Einige lassen die Seele aus meh=
reren Urstoffen bestehen, andere aus einem ein=
zigen. So meint Empedokles, die Seele bestehe
zwar aus allen Elementen, ein jedes Element für
sich, mache aber wieder eine Seele aus; (vermit=
telst derer der Mensch das von Außen erkenne,
was von diesem Elemente abgeleitet, oder ihm
ähnlich ist. **) Denn er sagt:

Als

* Aristoteles vergleicht anderswo die Vernunft
mit der Hand. Wir bringen alle schon unsere
Hände mit auf die Welt. Aber erst nach lan=
ger Zeit werden sie geschickt und behände, und
erst, nach Jahren können wir uns derselben zu
bestimmten Arbeiten bedienen. Eben so ist es
mit der Vernunft. Wir bringen alle das Ver=
nunftvermögen mit auf die Welt, aber eine ge=
bildete Vernunft erlangt man erst nach vielen
Jahren, und da nur, eine geringe Anzahl von
Menschen.
** Denn die Alten von dieser Art rationirten so:
ähnliche Dinge kann man nur wieder durch et=
was

Als Erde erkennen wir das Erdichte;

Als Wässericht — das Wasser;

Als Aetherisch (lüftig) — den himmlischen Aether (die Luft)

Als Feuer — das verzehrende Feuer.

Als Liebe — die Umarmungen (ϛοϱγην vim attractivam, die Anziehungen.)

Als Haß — den Krieg (die Abstoßungen) vim repulsivam *)

So sagt auch Plato in seinem Timäus, daß die Seele aus Elementen zusammengesetzt sey; weil ähnliche Dinge nur wieder durch etwas ähnliches erkannt werden können, und alle Dinge aus Elementen (Grundstoffen) bestehen. **) Auf ähn-

b 2

liche

---

was Aehnliches erkennen; da nun die Seele alles Aeusere erkennt, so müßte sie auch allen äuseren Dingen ähnlich seyn. Nun sind aber äusere Gegenstände unendlich (an der Zahl und an der Verschiedenheit) folglich muß ihnen die Seele, da sie ihnen doch ähnlich seyn muß, den Elementen (Principien) nach ähnlich seyn; weil sie ihnen ihrer unendlichen Verschiedenheit nach nicht ähnlich seyn kann.

* Diese Meinung des Empedokles haben die Commentatoren in folgende Verse gebracht:
Terram namque homines ex terra vidimus ipsi:
Sic genus ex unda nostrum, cognovit & undam:
Æthere divinum, sic æthera, & ignibus ignes,
Visus amore amor est, tristi discordia lite.

** Die vorletzte Anmerkung wird unseren Aristoteles hier verständlich machen; denn er ist hier

liche Art finden wir in dem Buche über die Phi=
losophie, * die Meinung, daß die Seele, **
aus der Idee der Einheit, aus der ersten Länge,
Breite und Tiefe zusammengeseßt sey; und auf
eben dieselbe Art wären auch die übrigen Dinge
zusammengeseßt. *** Auf eine andere Art meynt
Plato: die Vernunft (a priori) sey eine Einheit;
die Wissenschaft in ihr (Vernunft empirisch an=
gewandt) aber der Zweyer, denn sie kömmt einzig

von

---

sehr kurz, weil er bei seinen Schülern, wel=
che nach damaligen Zeiten (siehe die Vorre=
de) seine eigentlichen Leser waren, die Bekannt=
schaft mit den philosophischen Meinungen sei=
ner Landsleute voraussetzen konnte.

* Die griechischen Commentatoren erzählen uns,
Aristoteles habe in dem Buche περι Φιλοσοφιας
von dem hier die Rede ist, die ungeschriebenen
Meinungen des Plato, und alles, was Plato
und Pythagoras, über die Dinge und ihre Prin=
zipien gedacht haben, gesammelt.

** Plato nennt daselbst die Seele ein Thier
(ζωον); worüber er aber schon von Aristote=
les in der Metaphysik cap. 3 zu rechte gewie=
sen wird.

*** Philoponus macht uns hier aufmerksam, daß
Plato und Pythagoras ihre philosophischen
Meinungen in Nummern und Zahlen eingehüllt
haben. Vorzüglich drückten sie die Formen
(wesentlichen Bedingungen) aller Dinge durch
Zehner aus. Sie wählen deswegen Zahlen, weil
die Zahlen ihren, ihnen untergelegten Gegenstand
eben so scharf begränzen und richtig bestimmen,
als die Formen die Materie begränzen und be=
stimmen; und weil zweitens, die Zahlen eben

so

von der Einheit (Vernunft a priori) her; die Meinung,(Verstand und Vernunft auf Erscheinungen
angewandt,)sey die Zahl der Oberfläche der Breite;
der Dreyer nemlich; — und die Sinnlichkeit,
(das unmittelbare Anschauen,) die Zahl der So-
lidität (der Höhe an der Vierer nemlich.) Denn sie
hielten die Zahlen, welche die Urstoffe der Dinge

in

---

so gut aus ihrem Principium, nemlich der Einheit, herfliessen, als die Formen (wesentlichen Bedingungen der Dinge) aus ihrem
einzigem Principium, nemlich, der Gottheit, hergeleitet werden. Die Denarien
oder Zehner wählten sie aber deswegen zur Be-
zeichnung der Formen aller Dinge; weil diese
an sich für etwas vollkommenes galten, so
mußten sie also wieder durch etwas Vollkommenes bezeichnet werden, nun wurden aber die
Denarien für eine vollkommene Zahl gehalten;
weil sie, in Betracht dessen, daß man von Eins
bis Zehne zählt, und sodann immer wieder von
Vornen anfangen muß, alle Zahlen in sich enthalten. Folglich glaubten sie die Formen aller
Dinge nicht besser bezeichnen zu können. Uebrigens wurden sie von den Zahlen 1, 2, 3, 4,
ganz hingerissen, weil sie zusammenaddirt einen Denarium oder Zehner ausmachen. Nun
meinte Plato, die Seele bestehe aus den aller-
ersten 1, 2, 3, 4, unter welchen er folgendes
verstand: die Seele besteht erstens nicht aus
einer Einheit, sondern aus der Idee einer Einheit; denn die Einheit sey an sich keine Zahl,
sondern nur der Anfang des Zählens, so wie
die Idee an sich nicht ein Etwas, sondern nur
das Principium aller Dinge sey, auf welche
sie

in sich enthalten, für die Formen (wesentlichen
Bedingungen) und Prinzipien aller Dinge. Weil
alle Dinge entweder durch die Vernunft a priori
oder durch die Wissenschaft (empirische Vernunft
oder durch Meynung (Verstand auf Erscheinun=
gen angewandt,) oder durch Sinnlichkeit (durch
unmittelbare Anschauung beurtheilt und ver=
standen) werden; und diese Zahlen die Formen al=
ler Dinge sind. *

Nun

---

sie bezogen wird. Folglich hielt er die Seele
für einen Punkt, (Idee der Einheit) welcher
der Einheit entsprach; — für die erste Länge,
welche dem Zweier entspricht, weil sie mit zwey
Punkten begränzt wird, oder besser, weil jede
Linie zwischen 2 Punkten liegt; — für die erste
Breite: weil jede Figur von einiger Breite zum
wenigsten ein Triangel seyn muß, oder besser,
weil jede Fläche, zum wenigsten. zwischen drei
Punkten liegt, die nicht in einer Richtung sind,
mithin der Zahl drei entspricht; — für die er=
ste Höhe, welcher die Zahl vier entspricht;
weil die erste aus den solliden Figuren (die
Pyramide) welche aus mehreren Oberflächen
besteht, zum wenigsten aus 4 Triangeln zu=
sammengesetzt seyn muß; oder besser, weil die=
se Pyramide zwischen vier Punkten liegt, die
nicht in einer Richtung und nicht in einerlei Flä=
che liegen. Daher nannte Plato die Seele die
erste Idee der Einheit, die erste Länge, Breite
und Höhe, oder die ersten Zahlen 1, 2, 3, 4.

* Plato ratiocinirte so: die Seele ist aus den er=
sten 1, 2, 3, 4, zusammengesetzt; nun ist aber
die Vernunft a priori eine Einheit, weil sie
gleich der Einheit einfach ist, und zu aller ü=
bri=

Nun bemerken aber einige Andere, daß die
Seele nicht nur etwas Bewegendes, sondern auch
Er-

---

brigen Erkenntniß die regulativen Principien
an die Hand giebt; — die Wissenschaft (empirische Vernunft) ein Zweier; weil sie aus
der Vernunft a priori so hervorfließt, und mit ihr
Eins ausmacht, wie der Zweier daraus entsteht,
wenn eine Einheit zu einer andern Einheit hinzu-
gethan wird;—die Meinung (Verstand auf Erscheinungen angewandt) ein Dreier, weil sie
daraus entsteht, daß ich aus einem Vordersatz,
durch einen Mittelsatz, (durch eine unter den
Obersatz gelegte Erscheinung,) eine Schluß-
folge ziehe, welche wahr oder falsch, und folglich noch von zweierlei Auslegung ist; eben so
wie ein Dreier, bei dem man zu einer Einheit,
eine Einheit und wieder eine Einheit hinzusetzt;
— die Sinnlichkeit ein Vierer; weil wir durch
die Sinne bloß Körper wahrnehmen, welche
durchaus solide Gegenstände sind; und weil die
einfachste solide Figur (Pyramide) aus vier
Triangeln besteht; nicht zu gedenken, daß noch
jeder Körper, nach der Meinung der Alten,
aus vier Elementen zusammengesetzt ist. — Da
nun also Vernunft a priori; empirische Vernunft Meinungen; (im obigem Sinne) und
Sinnlichkeit, den Zahlen 1, 2, 3, 4, gleich
sind, also ist die Seele, aus dem Gemüthe
(Vernunft a priori) — aus der Wissenschaft
(empirische Vernunft) — aus der Meinung
(Verstand auf Erscheinungen angewandt)
— und aus der Sinnlichkeit (unmittelbare
Anschauung) zusammengesetzt.

Um nicht zu dunkel zu seyn, muß ich noch an-
merken, daß die Alten alle Gattungen er-
kenn-

Erkennendes sey; sie verbanden daher beide Mei=
nungen, und behaupteten: die Seele sey eine sich
selbst bewegende Zahl. *

Alle Philosophen sind, in Ansehung der Ele=
mente, (Urstoffe aller Dinge,) sehr verschiedener
Meinung: vorzüglich sind diejenigen welche kör=
perliche Urstoffe annehmen, von denen unterschie=
den

---

kennbarer Dinge in vier Klasse theilten. Die
1ste Klasse enthielt die Axiomata, oder Sätze,
die wir ohne alles Vernünfteln von selbst er=
kennen, und die ersten, schon an sich, erkenn=
baren Principien; das Vermögen dieser Er=
kenntnisse nannten sie νϛς, Vernunft a priori.
— Die 2te Klasse enthielt jene Kenntnisse, die
wir erst durch Ratiocination, durch Urtheile
und Schlüsse einsehen; die Darstellung dieser
Kenntnisse wurde Wissenschaft genannt (επιϛημη)
empirische Vernunft.
Die 3te Klasse enthält jene Kenntnisse, die noch
unbestimmt sind, und daher der Veränderung
und der Unbeständigkeit unterliegen, und die,
obschon sie durch Ratiocination erzeugt werden,
dennoch wahr oder falsch seyn können; ihre Er=
kenntniß wurde Meinung (Verstand auf Er=
scheinungen angewandt δοξα) genennt.
Die 4te Klasse enthält Kenntnisse von einzelnen
Dingen, (Individuen) die man unmittelbar
wahrnimmt; das Vermögen solche Kenntniße
aufzunehmen, heißt Sinnlichkeit (Anschau=
ungsvermögen).

* Dieser Meinung war Xenokrates. Er nannte
die Seele eine Zahl; weil sie alle Dinge er=
kennt,

den, die unkörperliche angeben; und von diesen
beyden wieder diejenigen, welche sie (die körperli=
chen und unkörperlichen) vereinigen, und aus bei=
den die ersten Elemente Urstoffe zu bilden suchen.
* Sie zertheilen sich aber auch noch in Ansehung
der Anzahl derselben; einige meinen: es gäbe ein
einziges Element; andere geben mehrere an.

Nach diesen Gesinnungen aber, suchten sie
auch die Seele zu bestimmen; denn, daß sie den
Grund der Bewegung in die Wesenheit der Ele=
mente setzten, ist nicht inkonsequent gedacht. Da=
her glauben einige, (z. B. Hyparchus Metapon=
tinus,) die Seele sey ein Feuer, Flämchen; weil
es äußerst subtil, und unter allen (angeblichen)
Elementen, dasjenige ist, welches am wenigsten
körperlich zu seyn scheint; auch ist es äußerst mo=
bil, und bewegt auch andere Dinge am leichtesten.
Demokritus erklärt uns nun schärfer (als oben;)
warum der Seele beydes (Bewegung und Er=

kenn=

---

kennt, die aus Zahlen, als ihren Principien
zusammengesetzt sind; sich selbst bewegend aber;
weil sie das erste Princip der Bewegung in
sich enthalten soll.

* So nahmen diejenigen körperliche Elemente an,
die da behaupten, die Seele bestehe aus klei=
nen Körperchen, wie etwa die Sonnenstäub=
chen sind; unkörperliche diejenigen, die die
Seele aus dem subtilsten Elementen zusammen=
setzen; und beide verbindet Empedokles, der
nebst den körperlichen 4 Elementen, noch Lie=
be und Haß zu Elementen macht.

Fenntniß,) zukomme; denn Seele und Gemüth, Sinnlichkeit, Verstand und Vernunft, sind bei ihm Ein und Ebendasselbe; weil sie aus den ersten und untheilbarsten Körperchen bestehen. Wegen der Subtilität dieser Theile und ihrer Figur wegen, bringen sie leicht Bewegung hervor und nehmen sie eben so leichte an. Nun aber ist die runde Figur die mobilste aller Figuren. Folglich sey Gemüth, (Vernunft,) und Feuer einerley (weil das Feuer eben aus so runden Körperchen besteht.)

Anaxagoras scheint die Seele für etwas Anderes und das Gemüth auch für etwas anderes zu halten; wie wir schon oben anmerkten. Indessen bedient er sich beider, als ob sie eine Natur ausmachten. Jedoch setzt er die Vernunft (νёν) als das Prinzip aller Dinge oben an; sie allein sey unter allen Dingen einfach, unvermischt und lauter. Diesem nemlichen Prinzip eignet er nun (obige) beide Eigenschaften zu: die Erkenntniß nemlich, und die Bewegung; indem er sagt, die Vernunft setze das All in Bewegung.

Aus mündlichen Sagen scheint es; daß Thales die Seele für etwas Bewegendes hielt; denn er meinte die Seele habe einen Magnet weil sie das Eisen bewege. *

Dio-

---

* Denn so wie der Magnet das Eisen verspürt, bewegt er es an sich (zieht es an) so erkennt die Seele äusere Gegenstände, und setzt alle, außer ihr, in Bewegung.

Diogenes hielt die Luft, so wie einige andere Philosophen, für die Seele. Denn er nahm
sie für den Urstoff aller Dinge, und die feinste aller Substanzen an. Daher könne die Seele erkennen, und (alles) bewegen. Erkennen; weil die
Luft das Erste aller Dinge ist, von dem das Uibrige herkömmt; * (alles) bewegen; weil sie die
subtilste Substanz ist.

Aber auch Heraklitus sagte: die Seele sey
der Urstoff; und sie sey ein Nebel, aus welchem,
(als dem Urstoffe) er alles Uibrige entstehen läßt.
Denn ein Hauch sey am wenigsten körperlich, und
fließe (kontinuirlich bewege sich also unaufhör-
lich.) — Das Bewegte wird aber von dem,
was (sich selbst und den Gegenstand) bewegt, erkannt. (Weil, wie schon angemerkt worden,
das ähnliche vom ähnlichen erkannt wird.) Daß
aber alle Wesen in Bewegung sind, glaubten mit
ihm noch viele andere. (Folglich erkenne der
Hauch, als das Beweglichste alles, und sey
der Urstoff und die Seele aller Dinge.)

Auf ähnliche Art scheint Alkmäon von der
Seele gedacht zu haben. Er sagt, sie sey unsterblich, weil sie unsterblichen Dingen ähnlich ist;
und diese Eigenschaft lege man ihr deswegen bei,
                                        weil

---

* Und da nach seiner Meinung, das Aehnliche nur
wieder etwas Aehnliches erkennen könne; müsse daher die Seele, als Luft alles erkennen
können, weil alles aus ihr herkömmt.

weil sie sich unausgesetzt bewege. Denn alle göttliche Dinge werden unaufhörlich bewegt; wie z. B. der Mond, die Sonne, die Sterne und der ganze Himmel.

Einige streiten mit weit mehr Heftigkeit: die Seele sey ein Wasser (eine Feuchtigkeit;) wie Hippon. Der Saamen scheint sie auf diese Meinung geführt zu haben; weil aller Saamen feucht ist. Denn er hält sich wider diejenigen auf, die das Blut für die Seele ausgeben; da doch der Saamen kein Blut ist; diesen aber, (den Saamen nemlich) hält er für die erste Seele.

Es giebt einige, die da sagen: das Blut sey die Seele, wie Critias; weil sie meinen, das Empfinden sey ihr am meisten eigen. Nun glauben sie, daß ihr dieß Empfinden bloß der Natur des Geblütes wegen zukommen könne.

Alle Elemente, außer der Erde, fanden jemanden, (einen Philosophen,) der sie würdigte (der sie für die Seele hielt.) — Diese aber wurde nie der Seele zugetheilt (für die Seele gehalten;) weil die Erde aus zu groben Theilen besteht und sich nicht bewegt.) — Außer von denjenigen (z. B. dem Empedocles,) die behaupteten: die Seele sey aus allen Elementen zusammengesetzt; oder enthalte alle Dinge (den Elementen nach, folglich auch die Erde.)

Alle

Alle diese Philosophen bestimmen die Seele durch drey Dinge; durch Bewegung nemlich, durch Empfindung, und durch Unkörperlichkeit. * Eine jede dieser Eigenschaften aber wird auf die Elemente, wie wir sahen, zurückgeführt. Diejenigen, welche die Seele durch das Erkennen bestimmen, machen sie entweder zum Urstoff (aller Dinge,) oder glauben doch, daß sie aus den Elementen zusammengesetzt sey. Ihre Gesinnungen, einem einzigen ausgenommen, (dem Anaxagoras nemlich) sind einander ganz ähnlich. Sie sagen: das ähnliche wird nur durch etwas ähnliches erkannt; da nun die Seele alle Dinge erkennt, so muß sie auch aus allen Urstoffen der Dinge zusammengesetzt seyn. Die also eine Grundursache und einen Urstoff aller Dinge annehmen, halten auch die Seele für diese Einheit; nemlich: Feuer oder Luft. Welche aber mehrere Urstoffe annehmen, meynen, daß auch die Seele aus diesen mehreren Urstoffen bestehe. Der einzige Anaxagoras meint, daß die Seele gar nichts leide, (απαθη, keine Wirkung in sich zulasse, die von einer äußeren Causalität herkäme) und daß sie mit den übrigen Dingen ganz und gar nichts gemeinschaftliches habe. Allein, wenn das wahr ist; auf welche Art, und aus welchem Grunde erkennt sie (äußere Gegenstände)? — darüber hat er sich we-

---

* Die hier nicht im strengen Sinne zu nehmen ist; sie scheint vielmehr höchste Subtilität und Zartheit zu bedeuten.

weder erklärt; noch läßt es sich's aus seinen übrigen Meynungen folgern.

Welche einander ganz entgegengesetzte Urstoffe annehmen, setzen auch die Seele aus entgegengesetzten Eigenschaften zusammen. — Welche aber eins von den entgegengesetzten Elementen annehmen; z. B. Wärme oder Kälte; oder etwas anderes auf ähnliche Art, halten auch die Seele für eine von diesen Entgegensetzungen. Woher sie sodann auch den Namen (die Etymologie des Wortes Seele) herleiten. Denn diejenigen, welche die Wärme (als den Urstoff, annehmen, behaupten: daß das Leben (ζων) davon seine Benennung habe; welche hingegen die Kälte (ψυχρον,) annehmen, meynen, daß die Seele (ψυχη,) des Einathmens und, (des daher entstehenden) Abkühlens wegen, seine Benennung davon habe. *

Dieses ist nun alles, was unsere Voreltern von der Seele dachten, und dieses sind zugleich die Gründe, warum sie so von der Seele dachten.

Drit=

---

* Welche die Wärme, als Urstoff annehmen, nennen die Seele, ζων, das Leben, welches Wort von ζωειν, das ist: ζέειν, heiß seyn, herkömmt. Die aber die Seele für eine Kälte halten, nennen sie ψυχην; weil sie glauben, es sey so viel, als ψυχειν, kalt.

Drittes Hauptstück.

Widerlegung derjenigen, welche die Seele
für das gemeinschaftliche Vermögen,
sich zu bewegen, halten.

Vor allem Anderen, wollen wir erst über die
Bewegung unsere Betrachtung anstellen. Denn
vielleicht ist es nicht nur falsch, daß das Wesen
der Seele, wie jene sagen, darinn bestehe: daß
sie sich selbst bewege, oder doch bewegen könne;
sondern auch unmöglich, daß der Seele eine solche
Bewegung zukomme.

Daß es nicht nothwendig sey, daß dasjenige, was bewegt, selbst auch von etwas anderem
bewegt werde, ist schon anderwärts dargethan
worden (im 8ten Buche physikal. Dinge im
5. Kapitel.)

Jedes bewegte Ding, kann, auf zweyerley
Art bewegt werden: entweder durch etwas anderes oder durch sich selbst. Durch etwas anderes
wird alles das bewegt, was sich auf oder in dem
Bewegten befindet; wie z. B. die Schifsleute
(auf dem Schiffe;) sie werden nicht so bewegt,
wie das Schiff; denn dieses wird durch sich selbst
(durch die in Thätigkeit gesetzte Ruder,) bewegt;
während jene deswegen bewegt werden, weil sie
sich auf diesem befinden. Was man auch aus den
übri-

übrigen Theilen des Schiffes ersehen kann. *)
Denn die eigene Bewegung (der Schiffsleute,)
wie anderer Menschen, ist die Bewegung der Fü-
se; (das Gehen;) in welcher aber die Schiff-
leute zu der Zeit, (wenn sie durch das Schiff
bewegt werden,) nicht betrachtet werden. — Da
nun die Bewegung, wie wir sagten, auf zweyerley Art hervorgebracht wird, so wollen wir itzt
die Seele betrachten, ob sie sich selbst bewegt und
der Bewegung theilhaft ist.

Da es nun viererley Arten der eigenen Bewegung giebt, die Schwingung (Fortbewegung
eines Dinges im ganzen Ὀρας Veränderung,
(Translocation der einzelnen Theile des Körpers;) das Absterben (Hinscheiden); und der
Zuwachs (das Zunehmen); so wird die Seele
entweder auf eine dieser Arten in Bewegung gesetzt, oder auf mehrere, oder auf alle (vier)
Arten.

Wenn sie nicht zufällig bewegt wird, so muß
die Bewegung ihrer Natur (ihrem inneren Wesen) zukommen, und wenn das ist, so muß die
Seele im Raume seyn. Denn alle benannte Bewegungen geschehen im Raume. **

Wenn

---

* Sie werden nemlich deswegen bewegt, weil sie
  Theile, mithin auf dem Schiffe sind.

** Nun ist aber die Seele nicht im Raume, denn
   sie ist keine Erscheinung, und wohnt dem Körper

Wenn in dem, daß sich die Seele selbst bewegt, das Wesen derselben bestünde, so käme ihr die Bewegung nicht zufällig zu; wie z. B. der Farbe und der Länge oder Breite (eines Körpers) * Denn diese (Eigenschaften) bewegen sich auch (mit ihrem Körper); aber nur zufällig; weil sich nemlich der Körper bewegt, auf dem sie sich befinden. Deßwegen geschieht ihre Bewegung nicht im Raume. (Weil sie sich wirklich nicht bewegen.) Die Seele aber bewegt sich ohne Widerrede im Raume, sobald ihre Natur in der Bewegung besteht.

Wenn sie sich übrigens von Natur aus bewegt, so kann sie auch mit Gewalt in Bewegung gesetzt werden; und was mit Gewalt bewegt wird, kann auch von Natur aus bewegt werden. Auf die nemliche Art verhält es sich in Ansehung der Ruhe; wie sie sich von Natur aus bewegt, so ruht sie auch von Natur aus; auf ähnliche Weise wird sie eben darum mit Gewalt zur Ruhe gebracht; weil sie mit Gewalt in Bewegung gesetzt

C   wur-

---

per, wie die Form der Materie bei; lib. 4. Physc. Also kommt der Seele die Bewegung nicht wesentlich zu.

* Aristoteles nennt hier die weiße Farbe und das dreischuhige Maaß, daß man also auch so richtiger übersetzen könnte: „ wie z. B. der weißen Farbe und dem dreischuhigem Maaße eines Körpers. Ich wollte aber der Verständlichkeit wegen lieber das Allgemeine setzen; Farbe nämlich, und Länge und Breite.

wurde. Was aber der Seele für heftige Bewegungen und für eine (durch Heftigkeit bewirkte,)
Ruhe, zu kommen, wird man, wenn man auch
einige erdichten wollte, nicht leicht erklären können. *

Wenn sich nun aber die Seele in die Höhe
bewegt, so wird sie Feuer heißen müssen; bewegt
sie sich abwärts, so wird sie Erde seyn; denn diese Bewegungen kommen diesen Körpern zu. Die
nämliche Bewandtniß hat es mit den übrigen,
zwischen diesen, in der Mitte, liegenden Körpern. **

Weil überdieß die Seele den Körper zu bewegen scheint, so können wir vernünftig schließen,
daß sie ihn durch eben dieselben Bewegungen bewege, durch welche sie selbst bewegt wird. Und
wenn sich die Sache so verhält, so können wir auch
umgekehrt ganz richtig sprechen: daß sie durch eben
dieselbe Bewegung bewegt werde, durch welche
der Körper bewegt wird. Da nun der Körper
durch Schwingung (Fortbewegung im Ganzen)
bewegt wird, so wird die Seele eben so gut, als

der

---

* Folglich können der Seele, nicht mit Gewalt
erzeugte Bewegungen, mithin auch keine, ihrem Wesen, natürliche Bewegungen, zukommen.

** Da nun aber die Seele für uns keine Erscheinung ist, so können wir sie auch zu keinem Körper machen.

der Körper, entweder ganz, oder nach ihren Theilen, durch diese Bewegung auf einen anderen Ort
gebracht werden können. Wenn dieß möglich iſt,
ſo iſt es auch möglich, daß eine aus ihrem Körper herausgegangene Seele, wieder in denſelben
zurückgehen könne, (ſich wieder in die alte Lage
zurückbewegen könne,) woher es dann käme:
daß geſtorbene Thiere wieder (von Todten) auf-
erſtehen könnten. *

---

* Welches nicht möglich iſt, wie Ariſtoteles im
2ten Buche, vom Entſtehen und Vergehen, gezeigt hat. Zu dem ergiebt es ſich ſchon von daher, weil die Seele kein Gegenſtand im Raume iſt; welchem daher auch keine Bewegung
beigelegt werden darf, indem alle Bewegung,
nur im Raume vor ſich gehen kann. Einige
Exemplare haben noch „ κατα γένος και μ ὴ
κατα εἰδὸς. Der Satz „ daß, wenn die Seele ſich ſelbſt, und zugleich den Körper bewege,
die Seele, durch eben dieſe Bewegung, ſich
bewege, durch welche ſie den Körper bewege,„
ſey im allgemeinen, der Gattung nach, nicht
aber im Beſonderem, der Art nach, wahr. Dieſe Worte kann man, ohne der Verſtändlichkei
des Werkes wehe zu thun, füglich auslaſſen.
— Obſchon uns Themiſtius durch die Einwürfe, die er hier macht, nöthiget, ihrer der
Erläuterung und Widerlegung wegen hier zu
erwähnen. Er findet es, nemlich, ganz inkon-
ſequent, daß, wenn die Seele ſich ſelbſt und
den Körper bewege, ſie ſich, durch eben dieſelbe Bewegung bewegen müſſe, durch welche ſie
den Körper bewegt. So zieht der Schiffzieher
das Schiff, ohne daß er, wie ſein Schiff fort-
ge-

Nun kann sie aber, wenn ihre Bewegung
zufällig ist, von anderen (nicht von sich selbst,)
bewegt werden. — Denn ein Thier kann durch
Gewalt zur Bewegung angetrieben werden. Allein ein Ding, dessen Wesen darinn besteht: daß
es sich selbst bewege, kann nicht von etwas anderem in Bewegung gesetzt werden; außer die Bewegung käme ihm zufälliger Weise zu; so wie
dasjenige, was durch sich und in sich gut ist, nicht
etwas anderes, und eines anderen wegen gut
seyn kann.

Hier könnte aber jemand sagen, daß die Seele,
wenn sie (wirklich) bewegt wird, von sinnlichen
Gegenständen, (durch die Sinnlichkeit,) in Bewegung gesetzt werde. — Allein, wenn sich die
Seele selbst bewegt, so wird sie zugleich in Bewegung gesetzt; weil jede Bewegung eine Emo-
tion, (εκϛαϛις Uebertrettung aus einem Zustande, in den anderen,) in demjenigen Gegenstande
hervorbringt, der bewegt wird; mithin müßte die

Seе-

---

gezogen werde; so drehe das, dem Wagen vor-
gespannte Pferd das Rad in die Runde, ohne
selbst in die Runde herumgetrieben zu werden
ꝛc. Hierauf wird nun geantwortet, daß jener
Satz zwar im Allgemeinen; aber nicht im Besonderen gelte. Nemlich der Schiffzieher bewege sich so gut, als sein Schiff, nur auf eine andere Art; das Pferd bewege sich so gut
als das Rad; nur in einer anderen Richtung;
mithin haben sie die Bewegung gemein; die
Art der Bewegung aber ist verschieden.

Seele aus ihrem Wesen emovirt werden; (εξισαι,) wenn die Selbstbewegung nicht etwas Zufälliges, sondern etwas, dem Wesen der Seele, an und durch sich Zukommendes wäre.

Einige andere nehmen an, daß die Seele ihren Körper, den sie bewohnt, eben so bewege, wie sie selbst bewegt wird; wie z. B. Democritus, welcher ganz auf den nemlichen Schlag spricht: wie der Komödienschreiber Philippus. Denn dieser erzählt. Dädalus habe eine hölzerne Venus verfertiget, die sich bewegt habe, weil er sie, (im Voraus,) mit Quecksilber ausgegossen habe. * Ganz des nemlichen will uns Democritus überreden. Die unzertheilbaren Kügelchen (aus welchen seine Seele besteht,) bewegen, (sagt er,) den ganzen Körper; weil sie ihrer Natur, (ihrer runden Gestalt,) nach nie ruhen, und sich zu bewegen aufhören können. Wir wollen ihn aber fragen, ob das nemliche, auch je (in dem Thiere,) eine Ruhe hervorbringen könne? — Wie nun dieses aber wirklich geschehe, (denn jedes lebendige Thier kann ruhen,) ist schwer zu sagen, oder besser, kann (nach dieser Voraussetzung) gar nicht erklärt werden. Denn allerdings scheint die Seele das Thier, (den Körper,) nicht auf diese Art zu bewegen, wie sie glauben; sondern nach einer gewißen Willkühr, und nach einer gewißen Einsicht.

Auf

* Mithin habe das Quecksilber alle Glieder der Maschine in Bewegung gesetzt; und bewege sie eben so, wie es selbst bewegt wird.

Auf die nämliche Art, meynt Timäus (da
er von der Seele spricht,) bewege die Seele den
Körper. Denn die Seele bewege sich und den
Körper, weil sie mit dem Körper in Verknüpfung
ist. * Sie bestehe aus den Grundstoffen, (Ele=
menten der Dinge,) und sey bloß durch die har=
monischen Zahlen unterschieden; damit sie aber auch
den

---

* Timäus, oder vielmehr Plato, nennt oft die
Seele die Ursache und das Princip aller Be=
wegung. Aristoteles bemüht sich nun, diese
Meinung, gänzlich zu widerlegen. Es würde
uns dabey viel unverständlich und dunkel schei=
nen, wenn wir nicht, im Voraus die Gesin=
nungen des Timäus abhören wollten. — Er
vergleicht die Seele mit dem musikalischen Zu=
sammenklang, mit der musikalischen Harmonie;
diese ist nun vollständig in folgenden sieben Nu=
mern, 1, 2, 3, 4, 8, 9, 27, enthalten.
Denn wenn man z. B. eine Saite anspannt,
(in einem Monochord) so ergiebt sich, daß
diese Zahlen, in ihrem Verhältnisse zur ganzen
Saite, alle Töne der musikalischen Harmonie
vollständig ausdrücken. — So steht die Oktav
in dem Verhältnisse von 2 zu eins; oder von
1 zu 1/2 διαπασων; die Quinte in dem Ver=
hältnisse von 3 zu 2, διαπεντε; Die Quart
in dem Verhältnisse von 4 zu 3, δια τεσσαρων
die doppelte Oktav, in dem Verhältnisse von
8 zu 2 ein doppeltes δια πασων; u. s. w. Er
vergleicht aber die Seele deswegen mit diesen
sieben musikalischen Zahlen; weil er glaubte:
die Seele sey allen Dingen ähnlich, und weil
er alle Dinge mit Zahlen und ihren Verhält
nissen ausdrückte, so mußte bey der Bestimmung
der Seele das nemliche geschehen.

den Sinn für einen harmonischen Zusammenklang habe, und das Weltall sich nach zusammenklingenden Schwingungen fortbewege, hat er die gerade Linie, (die Axe der Welt,) in einen Zirkel eingebogen. Und nachdem er einen (Kreis oder Zirkel,) wieder in zwey andere Zirkel zertheilte; die sich jedoch in zwey Punkten vereinigten; so zertheilte er jeden dieser, wieder in sieben andere Zirkel; als ob die Schwingungen des Himmels, die Bewegungen der Seele ausmachten. *

Erst-

---

* In der Welt ist eine gewisse Harmonie, ein gewisser Zusammenklang; nicht, als ob dieser Zusammenklang in sonoren Tönen bestünde; sondern in einer vortreflichen Proportion der Welt und ihrer Theile, welches die Alten nicht besser auszudrücken wußten, als durch die musikalischen Zahlen. Die gerade Linie ist die Axe, welche in einen Zirkel eingebogen wird; weil sich nun aber die Körper, (Firsterne und Planeten) in der Welt theils vom Aufgang zum Untergang; theils vom Untergang zum Aufgang um die Weltaxe bewegen, so wird der erste Zirkel, in zwey andere Zirkel abgetheilt; die durch ihre gemeinschaftliche Axe, (mithin durch 2 Punkte) verbunden sind. Eben eine solche Harmonie und einen ähnlichen Zusammenklang bemerkt man in der Seele. Ihr Wesen, (die gerade Linie ihrer Axis,) beigt sich nun in einem Zirkel, der alle ihre Vermögen, alle ihre Operationen in sich einschließt. Dieser grosse Zirkel, wird aber in zwey andere Zirkel vertheilt; in den Zirkel der Sinnlichkeit, und in den Zirkel des Verstandes und der Vernunft;

wel-

Erſtlich iſt es unrichtig, daß die Seele eine Größe ſey. Denn er ſelbſt behauptet ja: die Seele des Weltalls ſey eben eine ſolche, als diejenige, die wir die vernünftige Seele nennen; nicht aber eine ſolche, wie diejenige, welche empfindet; noch wie diejenige, die begehret; weil ihre Bewegungen nicht ein Kreisumlauf ſind. (Denn die Verrichtungen der Vernunft wurden einem Kreisumlaufe verglichen, weil die Vernunft ſich ſelbſt erkennen kann; und folglich, gleich einen Zirkel, in ſich ſelbſt zurückgeht; die empfindende und begehrende Seele aber, gehen nicht in ſich ſelbſt zurück, ſind alſo nicht einem Kreiſe gleich.) Die Vernunft aber iſt eben ſo einfach und beharrend, (συνεχης), als das Vernunftvermögen ſelbſt; das Vernunftvermögen aber, wie die Vernunftwahrheiten; nun ſind aber dieſe, weil ſie es erſt nachher werden, (nachdem ſie

nem‑

welche ſich durch ihre Axe, durch das Weſen der Seele, vereinigen. So wurde auch der vernünftige Zirkel, wieder in ſieben Unterzirkel eingetheilt: in den äuſeren Sinn; in den geſunden Sinn: (Gemeinſinn oder inneren Sinn) in die Einbildungskraft; in die Denkkraft; in das Gedächtniß; in den Zorn; in die Begierlichkeit. — Die Gegenſtände der Sinnlichkeit im 2ten Zirkel, wurden wieder in ſieben Unterzirkel abgetheilt: in himmliſche (luftige und feurige,) Gegenſtände; in niedrigere (erdigte und wäſſerigte,) Urſtoffe; in unvollkommengemiſchte Gegenſtände, und in vollkommengemiſchte Gegenſtände; in Pflanzen; in Thiere; in Menſchen.

nemlich erſtlich durch die Sinnlichkeit, und ſo=
dann durch den Verſtand, verknüpft wurden,)
eine Einheit, wie eine Zahl, nicht aber wie eine
Größe. * Folglich iſt die Vernunft, nicht auf eine
ſolche Art, (als Größe nemlich,) beharrend;
ſondern ſie iſt untheilbar, (einfach,) oder, (was
das nemliche iſt,) ſie iſt nicht als Größe beharrend. — Wenn ſie aber eine Größe wäre; (hier
iſt ſchon im Vorigen unter Vernunft, die ver=
nünftige Seele zu denken.) wie würde ſie, mit
jedem ihrer Theile, Etwas erkennen können? —
man mag dieſe nun als Größen, oder als Punkte,
wenn ich ſonſt ihre Theile ſo nennen darf, anneh=
men. Im letztem Falle, ſind ſie unendlich, und
alſo für uns unüberſehbar, (mithin könnten wir
vermittelſt ihrer nichts erkennen, weil die Rei=
he ins Unendliche gienge.) Im erſten, wenn man
ihre Theile als Größen annimmt, wird ſie ſehr oft
und unzählige Malen, das nemliche erkennen;
(weil alle Theile in einem gegenſeitigen Ver=
hältniße ſtehen, und jeder Theil, als Größe
ſein ähnliches erkennen müßte.) — Welches doch
mit einem Male (durch eine Apprehenſion,) zu
geſchehen pflegt.

Wenn

---

* Denn eine Größe iſt die Vorſtellung, durch die
man ſich die ſucceſſive Wiederholung mehrerer
Einheiten denkt; die Zahl aber iſt eine Vor=
ſtellung von der ſucceſſiven Hinzufügung mehre=
rer, aber gleichartiger Einheiten.

Wenn es schon hinreichend ist, nur mit jedem Theile (der Seele) Etwas zu berühren, (um es zu erkennen,) wozu braucht sie in einem Kreislauf herumgedreht zu werden, oder noch oben drein eine Größe zu haben? — Wenn es aber nothwendig ist, daß sie Etwas mit dem ganzen Zirkel berühren muß, wenn sie es kennen lernen will, wo bleibt sodann die Berührung, die mit einzelnen Theilen geschehen soll? Auf welche Art konnte sie überdieß, mit dem Theilbaren, das Untheilbare; und mit dem Untheilbaren das Theilbare erkennen? — * Es ist aber nothwendig, daß selbst unser Gemüth, (Erkenntnißvermögen,) dieser Kreislauf, (Zirkel,) sey. Denn die Bewegung des Gemüthes ist die Erkenntniß; die Bewegung des Zirkels aber die Herumdrehung desselben. Wenn nun aber die Erkenntniß eine solche Herumdrehung ist, so ist auch das Gemüth ein Zirkel, dessen Herumdrehung die Erkenntniß ausmacht. Das Gemüth wird also immer etwas erkennen müssen, weil seine Umdrehungen immerwährend bleiben. — Wirkende und thätige Erkenntniß aber ist immer begränzt; weil sie eines anderen wegen geschieht; und mithin Anfang und Ende haben, was bey einer zirkelförmigen Umdrehung nicht seyn könnte. — Selbst Speculative Erkenntniße sind durch bestimmte Vernunftgründe begränzt. Ein jeder

Ver-

---

* Denn, wenn sie durch bloße Berührung alles erkennen müßte, so müßte sie entweder theilbar oder untheilbar seyn. Unter beiden diesen Voraussetzungen kann keine Erkenntniß statt finden.

Vernunftgrundsatz ist entweder eine Definition oder eine Demonstration. Die Demonstrationen fließen aus einem Principio her, (haben also einen Anfang,) und sind durch Ratiocination oder Schlußsätze in Grenzen eingeschrieben; wenn sie aber nicht (durch einen Sylogismus) begränzt sind, so gehen sie doch nicht wieder zu ihrem Prinzip zurück; (aus den sie hervorstoßen, sind also nicht in einem Kreise lauffend;) sondern nehmen einen Mittelsatz und das äußerste Glied, (den Folgesatz,) auf, und gehen so geraden Weges immer weiter; während jeder Zirkel zu seinem Anfange zurückkehren muß. Alle Definitionen aber sind in ihre Grenzen eingeschloßen, (wie schon ihr Namen andeutet.)

Uiberdieß müßten wir eins und dasselbe mehrmalen erkennen; wenn der zirkelförmige Umschwung auch mehrmalen geschähe. Auch ist unsere Erkenntniß mehr einer gewißen Ruhe und Stätigkeit, als einer Bewegung, ähnlich. — Das nemliche gilt von der Ratiocination. (dem Vernunftschlu= ße.*

---

* Denn die Vernunft ruht bey einem, aus unläugbaren Vordersätzen, hervorfliessenden Schlußsatz; daher nannten die Griechen eine Wissenschaft επιςημη. Etwas Festbestehendes; ὁτι ἱςηςι τον νυν. Weil jede Wissenschaft als Wissenschaft, unser Gemüth, über gewisse Gegenstände fest stehend, und folglich beruhigend macht. Dies bestätiget Plato in seinem Cratylus und im 7ten Buche phys.

&c.) * Nun macht auch nur das den Menschen glücklich, was leicht ist; nicht aber das Gewaltsame. Denn wenn die Bewegung nicht in ihrem (der Seele) Wesen liegt, so bewegt sie sich wider ihre Natur. * Es ist auch noch höchst lästig, mit einen Körper verbunden zu seyn, und sich von selben nicht loßmachen zu können. Einer solchen Verbindung müßte man aus allen Kräften zu entfliehen suchen; weil es dem Gemüthe (Erkenntnißvermögen,) besser wäre, ohne Körper zu seyn; wie man es auch zu sagen pflegt, und wie es auch wirklich mit den meisten Meynungen der Philosophen übereinzustimmen scheint.

Die Ursache, warum der Himmel in eine zirkelförmige Bewegung, herumgetrieben werde, ist daraus eben so wenig einleuchtend. Denn das Wesen der Seele ist nicht die Ursache dieses zirkelförmigen Umschwungs, weil ihr die Bewegung nur zufällig eigen ist. Auch kann der Körper nicht die Ursache seyn, weil die Seele vielmehr auf ihn, ihre eigentliche Wirkung thut. Weder kann man sagen, daß es so, (diese Einrichtung,) besser wäre: daß nämlich Gott die Seele deßwegen in eine kreisförmige Bewegung herumdrehend gemacht habe, weil es für sie besser ist, sich zu bewegen, als zu ruhen, und sich (lieber) auf diese als eine andere Art zu bewegen. Weil nun aber ähnliche

Be-

---

* Und ist folglich gewaltsam, und wider die Glückseligkeit der Menschen, zu welcher er nach Plato, doch vorzüglich bestimmt ist.

Betrachtungen, mehr Unterſuchungen von anderer
Art angemeſſen ſind, ſo wollen wir ſie hier übergehen. *

Eine ſolche Ungereimtheit klebt nicht nur dieſer Meynung, ſondern auch noch mehreren anderen,
von der Seele an. Denn ſie vermengen die Seele
mit dem Körper, und ſetzen ſie in dieſem; ohne zu
beſtimmen, warum und wie ſich der Körper (gegen die Seele,) verhalte; was doch ſehr nothwendig wäre; weil ſie wegen der Verbindung anders wirkt, und anders leidet; anders bewegt
wird, und anders bewegt. Um alles dieſes haben ſie ſich nicht bekümmert. Sie bemühen ſich
nur zu beſtimmen, was die Seele ſey? — Von
dem (die Seele) annehmenden Körper aber erör-
tern und beſtimmen ſie ſchlechterdings gar nichts,
als ob jede Seele, im jedem Körper, ohne Unterſchied, einziehen könnte; wie uns die Pythagoräer in ihren Mährchen vorſchwatzen. Denn
jeder Körper ſcheint eine eigene Geſtalt und Form
zu haben. ** Jenes iſt gerade ſo, als ob jemand
                                              ſag-

---

* Die, aus den Betrachtungen, über die Bewegung des Himmels herflieſſenden Unterſuchungen, werden vom Ariſtoteles, in den Büchern,
  von dem Himmel, im 2ten Buche 3ten cap.
  und den Büchern vom Entſtehen und Vergehen
  im 2ten Buche 10. cap. abgehandelt.
** Jeder ſieht wohl, daß hier von der berühmten
  μετεμψυχωσις, der Seelenwanderung der Pythagoräer die Rede iſt. Was ſie darunter ver-
                                              ſtan-

sagte: daß der Baumeister mit Flötenspielen, sein
Werk abfertigen könne; denn so gut, als jede
Kunst

stauden, kann man aus dem Timäus und Phädrus, und vorzüglich aus Plato's Phädon ersehen. Ihre Meinung war im Kurzem folgende: Der Körper wird über kurz oder lang, je
nachdem er beschaffen ist, aufgelößt; die Seele
aber ist unauflösbar. Ist diese nun rein, vom
allem Körperlichen unbefleckt, flieht sie alles
Sinnliche, und freut sie sich über die Ablösung
von den Banden des sterblichen Körpers; so
geht sie zu Etwas, sich Aehnlichem über; sie
zieht eine, mit Weisheit durchdrungene Natur
an; sie wird unsterblich und eine Art göttlichen Wesens. Hier ist sie nun glücklich, und vor
allen menschlichen Leidenschaften und Schwach-
heiten abgelößt und frei. Wenn sie aber un-
rein und mit körperlichen Lüsten und Begierden bemackelt ist; die Verbindung mit dem
Körper über alles schätzte; und seine Leidenschaften und Wohllüste zu ihrem Hauptgeschäf-
te machte; nichts als körperliche Dinge für die
einzig wünschenswerthen Wahrheiten hielt; und
Essen und Trinken, und andere sinnliche Empfindungen über alles Vernünftige hinaus er-
hob: so mußte eine, auf diese Art verunrei-
nigte Seele, um die Grabstätte herumschweben,
ihr Leben büßen, und so lange herumirren, bis
sie endlich, hingerissen von ihrer sinnlichen, ihr
noch anklebenden Natur, einen Körper wieder
annehmen kann, den die nemlichen Sitten
verunreinigen, mit denen sie bemackelt ist. So,
sollen die Seelen jener Menschen, deren Gott
ihr Bauch ist, und die ihre eigene Gefräßig-
keit mit Dummheit und Trägheit geschlagen
hat, in Schweine, Esel und ähnliche Thiere
fah-

Kunst ihre Werkzeuge haben muß, muß auch die Seele ihren (ihr angemessenen) Körper haben.

Viertes Hauptstück.

Daß die Seele nicht eine Harmonie des Körpers ist. *

Es wird noch eine andere Meynung über die Seele vorgetragen, welche zwar vielen wahrscheinlich scheint; und von denjenigen, die wir schon anführten, die gefährlichste ist; aber dennoch nach Gründen, die aus dem alltäglichen, gemeinsten Vernunftgebrauche, genommen sind, verworfen wird.

Die

---

fahren. Die Seelen derjenigen aber, welche Ungerechtigkeit liebten, Tyranney ausübten, und dem Raube ergeben waren, in Wölfen, Habichten und anderen Raubthieren wohnen. Die Seelen derjenigen, die wohlgesittet, tugendhaft und ruhig leben; aber nur aus Gewohnheit, und nicht aus Grundsätzen, sollen als Bienen in einem Bienenkorbe, oder als Ameisenhaufen, oder als andere ähnliche Thiere leben. Diese degradirten Seelen, haben dennoch die Hofnung, aus Thieren, wieder zu Menschen zu werden.

* Dies behauptete Plato in Phädon; und dem Aristoxenes gefiel diese Meinung so sehr, daß er die Seele einen Gesang nannte.

Die Seele nemlich, sagen einige, sey eine Harmonie, (eine, nach einem gewißen Verhältniße
bestimmte Zusammensetzung, entgegengesetzter
Theile des Körpers, eine gewiße Proportion
dieser Theile.) Weil die Harmonie eine abgemeßene Coalition und Composition einander entgegengesetzter Eigenschaften ist; und weil der Körper aus, einander, entgegengesetzten Dingen, (zu
einem abgemeßenen Ganzen,) zusammengesetzt
ist.

Allein die Harmonie ist.entweder das (zu-
sammenstimmende) Verhältniß des, durch einander, Durchmischten, oder eine, nach ihren Theilen abgemeßene Zusammensetzung. Die Seele
aber kann keines von beyden seyn. Zu dem kommt
der Harmonie keine Bewegung zu, die doch alle
(Philosophen) vor allen anderen (Eigenschaften)
der Seele zueignen. *

Weit paßender kann man das Wort Harmonie auf die Gesundheit, oder auch andere körperliche Tugenden anwenden, als auf die Seele.
Dieß wird sehr offenbar, wenn man sich bemüht,
die Functionen und Affecte der Seele, vermittelst
der Harmonie zu erklären. Denn die Anwendung
davon auf die Seele, ist sehr schwer. **

Wenn

---

* Die Harmonie in der Zusammenstimmung der
Theile, ist eher das Ende der Bewegung, als
selbst Bewegung.
** Denn wie will hier, die gehörige Proportion
finden, da die Seele selbst ein Noumenon, und
mit-

Wenn wir etwas übrigens eine Harmonie nennen, so nehmen wir vorzüglich in denjenigen Größen, welche Bewegung und eine gewiße Zusammenstellung ihrer Theile haben, auf zwey Stücke Rücksicht: auf ihre Zusammensetzung nemlich; wenn sie so unter einander verknüpft sind, daß sie nichts weiter, zwischen sich, einzunehmen vermögen; und auf das Verhältniß der durch einander vermischten Dinge. Allein beydes kann man wohl nicht füglich, von dem Gemüthe, (der Seele,) sagen. Da die Verbindung der Theile des Körpers nicht leicht aufgelöst werden kann, denn der Verbindungen der Theile (des Körpers,) giebt es zu viele und zu mannigfaltige; wie wird man nun schließen können, daß das Gemüth (die Seele,) welche außer den Sinnen liegt, eine Zusammensetzung (von Größen,) sey, und wovon (von welchen Größen) sie zusammengesetzt sey? — man mag sich entweder eine sinnliche oder begehrende denken. — Eben so inconsequent ist es, die Seele für das Verhältniß, des, durch einander Gemischten zu halten. Denn das Verhältniß der durch einander gemengten Elemente, ist nicht das nemliche im Fleische, oder in Knochen. (In allen diesen ist ein verschiedenes Verhältniß der Elemente, weil es verschiedene Gegenstände sind.) Es müßte daher, durch den ganzen Körper mehrerley Seelen geben; weil alle seine Theile, aus durch einander gemengten Elementen, bestehen

D   hen

_____

mithin außer der Sinnlichkeit ist; und die Affekte ein Eigenthum des Körpers sind.

ßen, und die Harmonie, und folglich die Seele (nach ihrer Meynung) in dem Verhältniße, des durch einander Vermischten besteht.

Diese Behauptung werden auch einige vom Empedocles herleiten wollen. Denn er sagt: daß eine jede von den Seelen, in einem gewißen Verhältniße bestehe. Allein ob die Seele ein Verhältniß, oder vielmehr etwas anderes sey, das nur zufällig den Gliedern des Körpers zukommt? — ob die Liebe (die Anziehungskraft,) die Ursache einer jeden Coalition, (eines jeden Vermengens,) sey, oder bloß dessen, was in einem Verhältniße gegen einander steht? — und ob sie selbst ein Verhältniß ist, oder etwas von ihm Unterschiedenes? — hat er immer noch zweifelhaft gelassen. Wenn aber die Seele von der Vermischung (der Theile des Körpers,) unterschieden ist, warum vergeht (stirbt) sie mit dem Fleische, und den anderen Theilen des lebenden Geschöpfes? — Wenn überdieß ein jeder einzelne Theil nicht eine Seele hätte, wenn die Seele nicht das Verhältniß des Vermischens wäre, was stürbe, wenn die Seele den Körper verläßt? — *

Aus

---

* Diese Einwürfe hat Aristoteles hier nicht aufgelößt; es ist aber auch nicht der Ort dazu. Er will hier nur zeigen, wie gefährlich und bedenklich die Folgerungen sind, die daraus hergeleitet werden können. Indessen werden diese Einwürfe leicht dadurch gehoben: daß die Mate-

Aus allem dem, was wir bisher sagten, erhellt, daß die Seele keine Harmonie sey, und daß sie eben so wenig in einem Kreis herumgeschwungen werde; daß sie sich zufällig (nicht aber wesentlich,) bewegen lasse, und sich selbst bewege; daß der Körper, in dem sie wohnt, bewegt werde, und zwar, wie man offenbar sieht, von der Seele; denn auf eine andere Art ist es nicht möglich, daß sie sich von ihrem Orte bewege.

Fünftes Hauptstück.

Daß die Seele durch keine andere, außer der localen Bewegug bewegt werde.

Allein es könnte doch jemand mit vieler Wahrscheinlichkeit glauben, daß die Seele bewegt werde; wenn er auf folgende Dinge Rücksicht nähme: daß sie nemlich vom Schmerz gerührt wird;

D 2   daß

Materie etwas anderes ist, und auch die Form etwas Anderes; jedoch haben beide ein bestimmtes Verhältniß gegen einander. Wenn nun dieses Verhältniß, diese Proportion aufgehoben wird, so hört freilich, die nach dieser Form, geformte Sache auf. Es folgt aber nicht, daß die Form dies Verhältniß selbst ist, und dabei zu Grunde gegangen sey.

daß sie sich freut, liebet und fürchtet; auch sich
erzürnt, empfindet und denket; was doch alles
eine Bewegung zu seyn scheint; woher jemand
glauben könnte, daß sie bewegt werde. — Allein
dieß ist nicht nothwendig. Denn, wenn auch ein
großer Schmerz, eine große Freude, ein tiefes
Nachdenken, Bewegungen sind, und ein jedes von
ihnen ein Bewegtwerden: so kommt doch jedes
Bewegtwerden von der Seele selbst her. So ist
das Zürnen und Fürchten nichts Anderes, als die,
auf solche Art, hervorgebrachte Bewegung des
Herzens. * Das Denken aber ist entweder etwas
Aehnliches (die Bewegung des Gehirns,) oder
etwas Anderes. Einige Eigenschaften von ihnen,
(von den kurz genannten,) erscheinen in Gegenständen, während sie sich vom ihrem Orte, fortbewegen, andere in Gegenständen, während sie
sich bloß, (innerlich,) verändern. Was und wie
es eigentlich geschehe, ist eine ganz andere Untersuchung. Sagen, daß die Seele zürne, ist eben
so viel, als wenn jemand sagte: die Seele webt
(am Weberstuhle,) oder macht einen Baumeister.
Es ist vielleicht besser, wenn man nicht sagt: die
Seele empfindet Mitleid, sie lernt oder ratioci-
nirt sondern lieber: der Mensch thut dieß durch
die Seele; und dieß nicht etwa, weil in ihr (der
Seele,) eine Bewegung vorgeht; sondern weil
die-

---

* Weil im Zorne das Blut aus dem Herz in die
äußeren Theile des Körpers hervorgestoßen; bei
der Furcht aber, sich in das Herz gewaltig zu-
rückdrängt.

diese Bewegung ißt bis zu ihr eindringt, und ißt von ihr ausgeht; wie z. B. die sinnliche Empfindung von diesen (eben genannten Affekten, dem Zorn nemlich, der Furcht u. s. w. die von den Sinnen ausgehen, und bis zur Seele hinwirken,) und die Rückerinnerung, welche von ihr bis zu den, in sinnlichen Werkzeugen vorgehenden Bewegungen und bleibenden Organen, forteilt.

Hiezu scheint nun noch das Gemüth, (die vernünftige Seele,) zu kommen, welche, da sie eine gewiße Substanz ist, nicht vernichtet werden kann. Denn sie müßte schon in der, sich in dem Alter einschleichenden Stumpfheit (des Körpers,) zerstört werden, (welches wider alle Erfahrung ist.) — Ißt, (im Alter,) geht es so, wie es den Sinnen ergeht. Wenn ein Alter das Auge eines Jünglings bekäme, so würde er, wie ein Jüngling sehen. Daher entsteht nicht das Alter, weil die Seele leidet, sondern, weil das leidet, worinn die Seele ist, (nemlich der Körper.) So wie es in der Trunkenheit und in Krankheiten zu geschehen pflegt. *

Selbst das Denken und Speculiren schwindet dahin; weil etwas Anderes (als die Seele,)

im

---

* Die Seele kann eben so wenig auf einen Kranken, oder durch Trunkenheit in Gährung und Unordnung gebrachten Körper wirken; als sie auf einen durch Alter geschwächten und abgestumpften Körper zu wirken vermag.

im Körper abgestorben ist; sie selbst aber ist ganz
frey von solchen Leiden. Das wirkliche Ratioci-
niren, (über empirische Gegenstände,) Lieben
oder Hassen, sind nicht ihre Affektionen, sondern
dessen, was sie (die Seele) in sich enthält, und
in so ferne es dieselbe enthält. Daher, wenn einmal dieß (der Körper,) zerstört ist, erinnert sie
sich nicht mehr an Etwas, noch liebt sie Etwas.
Dieß war nicht ihr (der Seele) Eigenthum, sondern dessen, welches starb, (des Körpers.) Die
Seele aber (die vernünftige Seele nemlich,)
ist vielleicht etwas Göttlicheres, und ganz frey von
Leiden. Aus allem dem ergiebt sich, daß sich
die Seele nicht bewegen lasse; und wenn dieselbe
schlechterdings nicht bewegt wird, folgt, daß sie
sich eben so wenig durch sich selbst bewege.

Sechstes Hauptstück.

Daß die Seele keine sich selbst bewegende Zahl ist. *

Daß aber die Seele eine Zahl sey, die sich selbst
bewegt, ist noch weit vernunftwidriger, als das,
wovon wir zuvor sprachen. Denn sie, (die die=
ses behaupten,) gerathen auf Unmöglichkeiten,
die

* Dieser Meynung war Xenokrates zugethan.

die da erstlich daraus entstehen, daß sie sagen: der Seele komme Bewegung zu, und zweytens, daß sie sie für eine Zahl erklären.

Wie kann man wohl einsehen, daß sich eine Einheit bewege? — von wem sie bewegt werde, und auf welche Art sie sich bewege? — da sie untheilbar und mithin ohne Differenz ist. Da man doch in ihr unterschiedene Theile wahrnehmen sollte, wenn sie bewegend und zugleich bewegbar ist. * Da sie nun aber auch sagen, daß eine bewegte Linie eine Oberfläche mache; ein (bewegter) Punkt aber eine Linie: so entstehen aus den Bewegungen der Einheiten stäts Linien. Denn ein Punkt ist eine Einheit, die eine bestimmte Stelle hat; und die Zahl der Seele ist auch schon wo und hat eine bestimmte Stelle. **

Wenn

---

* Denn, was sich selbst bewegend ist, muß in sich Etwas haben, was die Bewegung hervorbringt; und Etwas, was bewegt wird; mithin unterschiedene Theile; welches bei einer Einheit, die keine Theile hat; und mithin bei einer Zahl, die das Princip alles Zählens, nemlich eine Einheit ist, ohnmöglich statt haben kann.

** Folglich muß die Seele, da jede Zahl aus Einheiten besteht, und sie nur eine, mithin eine Einheit ist, eher eine Linie und Oberfläche seyn, als eine Zahl, weil die, durch sich selbst bewegte Einheit, Linien und Oberflächen hervorbringt, und sie selbst, die Seele, eine durch sich bewegte Zahl nennen.

Wenn jemand von einer Zahl eine Zahl oder Einheit abzieht so bleibt eine ganz andere Zahl übrig; die Pflanzen aber, und viele andere Thiere leben, wenn sie auch zertheilt sind, und scheinen der Art nach, die nemliche Seele zu haben. *

Es könnte aber gleichgültig scheinen, ob wir die Seelen Einheiten oder Körperchen nennen. Denn wenn auch die Kügelchen des Democritus zu Punkten werden, wenn nur ihre Anzahl bleibt, so wird doch in ihnen immer Etwas anzutreffen seyn, was da bewegt, und Etwas, was da bewegt wird; so wie in jeder Größe. — Dieß geschieht nicht deßwegen, weil sie sich durch Größe oder Kleinheit unterscheiden, sondern, weil sie ein Quantum sind; daher muß nothwendiger Weise was seyn, das die Einheiten in Bewegung setzt. Wenn nun aber das, was im Thiere den Körper bewegt, die Seele ist; so ist sie es gewiß auch in der Zahl. Daher ist die Seele nicht dasjenige, was bewegt und wieder bewegt wird, sondern nur dasjenige, was Bewegung hervorbringt. —

Allein, wie ist es möglich, daß sie eine Einheit ist? — indem sie gegen alles Uebrige eine be-
stimm=

---

* Wie eingesteckte Zweige von Bäumen, und einzelne Stücke von zerstückelten Gewürmen, ihr Leben unter den nemlichen Eigenschaften fortführen. Folglich ist die Seele keine Zahl, weil sonst eine veränderte Seele übrig bleiben müßte, nach dem eine Theilung des Körpers vor sich gieng.

ſtimmte Unterſcheidung haben muß? — was kann
nun aber in Einheiten, außer der Stelle, die ſie
einnehmen, für ein Unterſchied Statt finden? —

Wenn alſo die Einheiten oder Punkte, welche im Körper ſind, von einander unterſchieden
ſind, ſo werden es auch die Einheiten im eben demſelben Körper ſeyn, (nemlich eine bewegende und
eine bewegte,) ohngeachtet die Seele, (als ſich
ſelbſt bewegende Zahl,) die Stelle eines Punktes vertritt; (folglich wären zwey Punkte auf
einer Stelle.) Wenn nun zwey Punkte, in einer
und eben derſelben Stelle ſind, warum können nicht
eine unendliche Anzahl auf eben derſelben ſeyn? —
(Welches abſurd iſt.) — Zumal, da diejenigen
Dinge, deren Ort untheilbar iſt, ſelbſt untheilbar
ſind. — Wenn aber die Punkte, die ſich in dem
Körper befinden, ſelbſt die Zahl der Seele ſind,
oder wenn die Zahl, die aus Punkten beſteht, die
ſich im Körper befinden, die Seele ſelbſt iſt, warum haben nicht alle Körper eine Seele? — Denn
alle ſcheinen Punkte zu haben, und zwar eine unendliche Zahl von Punkten. — Wie wäre es,
nebſt dieſem möglich, daß die Seelen von ihren
Körpern getrennt und abgelöſt werden könnten?
— Da Linien, (welche nach dieſer Vorausſe-
tzung die Seele wären,) nicht von Punkten ab-
geſondert würden.

Aus dem, was wir bisher ſagten, ergiebt
ſich, daß dieſe, (Xenocrates und Democritus)
zum Theil das nemliche ſagen, was jene ſagten,
die

die die Seele für einen Körper halten, der aus
lauter feinen Theilchen zusammengesetzt ist; zum
Theil aber auch eben so absurd werden, als diejenigen, die da glauben: daß der Körper von der
Seele so bewegt werde, wie Democritus behauptete.

Denn wenn die Seele im ganzen empfindendem Körper ist, so folgt nothwendig, daß in einem und demselben Körper zwey Körper seyn müssen; wenn man nemlich annimt, daß die Seele
ein Körper ist. Nach denjenigen, die die Seele
für eine Zahl halten, folgt: daß in einem Punkte mehrere wären; * oder auch, daß ein jeder
Körper eine Seele haben müßte; ** wenn nicht
etwa jene Zahl von den Punkten des Körpers ganz
verschieden, und von ganz anderer Natur angenommen wird.

Es folgt auch noch, daß sich der Körper
(ζωον, das Thier, welches im Gegensatze gegen
die

---

* Denn jede Zahl gründet sich auf Einheit, d. i.
auf einen Punkt ; ein sich selbst bewegender
Punkt; (denn man sagt: die Seele sey eine
sich selbst bewegende Zahl;) macht aber eine Linie, und diese, gleichfalls bewegt, eine
Oberfläche; und diese in ihrer Bewegung einen
Körper, der aus mehreren Punkten besteht;
mithin würden mehrere Punkte in einem enthalten seyn.
** Weil jeder Körper aus Punkten besteht,

die Seele der Körper ist,) eben so durch die, (sich selbst bewegende,) Zahl bewegen lasse, als wir oben sahen, daß sie sich nach dem Democritus bewege. Denn was ist wohl hier für ein Unterschied, ob wir sagen, daß kleine Kügelchen, oder große Einheiten oder überhaupt in Bewegung gesetzte Einheiten den Körper bewegen. In beyden Fällen ist es nothwendig anzunehmen, daß sie das Thier (den Körper) bewegen; indem sie sich selbst bewegen. *)

Denjenigen, welche Bewegung und Zahl mit einander in ihr (der Seele,) verbinden, begegnen eben diese Absurditäten, die oben dem Democritus widerfuhren,) und andere mehr. Denn eine solche Definition der Seele kann nicht nur unmöglich angenommen werden, sondern ist auch, als eine zufällige Eigenschaft unzulässig. Dieß ersieht man schon daraus, wenn jemand die Funktionen und Affekte der Seele: die Gedanken nemlich Empfindungen, Vergnügungen, Schmerzen und andere von der Gattung, aus dieser Definition zu erklären sich bemühen wollte. Denn man kann, wie wir oben sagten, dieselben nicht einmal aus ihr muthmaßlich erfolgern.

Sie=

---

* Beide Meynungen gehen auf Einerlei hinaus; Xenokrates glaubt: die Seele werde durch eine sich selbst bewegende Zahl bewegt; und Demokritus glaubt: die Seele bestünde aus kleinen Kügelchen, die durch ihre Mobilität sich selbst und den Körper bewegen.

Siebentes Hauptſtück.

Daß die Seele nicht aus Urſtoffen zuſammengeſetzt ſey.

Da wir nun aber drey Arten herzählten, durch
die die Alten die Seele zu definiren gedachten;
einige nemlich ſagten: ſie ſey das, was am meiſten beweglich iſt, weil ſie ſich ſelbſt bewegt; andere hingegen hielten ſie für einen Körper, der aus
den feinſten Theilchen beſteht, oder doch für Etwas, das unter allen Dingen das Feinſte (das
Unkörperlichſte,) iſt; wir haben auch ſehr gut
erſehen, welche Zweifel und Widerſprüche in ihnen
liegen: ſo liegt uns nur noch ob, die dritte Art
zu betrachten, wie (nemlich,) einige noch ſagen
können: die Seele beſtehe aus Elementen, (den
Urſtoffen aller Dinge;) — Dieß behaupten ſie
um zu erklären, daß die Seele alles empfinde,
was da iſt, und ein jedes Ding erkenne.

Allein dieſe Meynung führt nothwendig viele
Unmöglichkeiten mit ſich. Denn, indem ſie feſtſe-
tzen, daß ſich nur Gleich und Gleich erkennen könne, ſetzen ſie zugleich feſt, daß die Seele das iſt,
was die (erkannten) Dinge ſelbſt ſind. * Und
zwar nicht nur, was dieſe, (welche erkannt werden

* Weil ſie nur ihres Gleichen erkennen könnte.

den,) selbst sind, sondern noch, was viele andere oder vielmehr, was wohl unendliche, der Zahl nach, sind, aus welchen (jene andere Dinge,) zusammengesetzt sind. Laßt uns annehmen, daß die Seele das erkenne und empfinde, woraus ein jedes Ding zusammengesetzt ist, (die Elemente nemlich,) wie wird sie aber ein zusammengesetztes Ganze, z. B. Gott, den Menschen, das Fleisch, das Bein, oder ein jedes Andere von übrigen, auf ähnliche Art zusammengesetzten Dingen, erkennen oder empfinden können? — Denn alle diese Dinge sind nicht etwa, ein, ohne alles Verhältniß, zusammengeworfenes Gemengsel von Urstoffen, sondern Urstoffe, die durch bestimmte Verhältniße in Verknüpfung stehen. So wie Empedocles selbst von den Knochen spricht:

Die dankbare Erde in gutmüthigen Röhren,

Erhielt zwey von acht Theilen blassen Glanzes,

Vier aber des Feuers; daher entstanden weiße Knochen.

Die Elemente helfen also in der Seele nichts, außer es sind in ihr zugleich die Verhältniße derselben und ihre Zusammensetzung. Denn nur Gleich und Gleich erkennt sich; weil sie nicht ein Bein oder einen Menschen erkennen wird, außer diese sind wirklich in ihr. Allein dieß ist gar nicht möglich, und kann, (ohne Absurdität,) gar nicht gesagt werden. Denn, wer wird je nur muthmaß-

maßlich denken, daß ein Stein, ein Mensch, oder
auf ähnliche Art das (abstract gedachte) Gute
oder Böse in der Seele sey? — Das nemliche
kann man von allen Uibrigen sagen. *

Da überdieß ein jedes existirendes Wesen auf
verschiedene Art benennt zu werden pflegt; denn
es bedeutet entweder eine Substanz, oder eine
Quantität, oder eine Qualität, oder sonst eine,
von den (anderwärts) hergezählten Categorien,
so entsteht die Frage: ob die Seele aus den Elementen aller dieser Dinge zusammengesetzt ist oder
nicht? — Allein die Elemente derselben scheinen
nicht allen, einzelnen, gemeinschaftlich zuzukommen. (Mithin hätten wir den vorigen Fall,
nach welchem die Dinge selbst in der Seele seyn
müßten.) — Ist sie vielleicht nur aus denjenigen
Elementen zusammengesetzt, welche eine Substanz
ausmachen? — Allein, auf welche Weise erkennt
sie eine jede andere der Categorien, (Quantitä-
ten, Qualitäten, u. s. w.)? — Oder wollen
sie etwa sagen, daß eine jede Gattung derselben
ganz eigene Urstoffe und Prinzipien habe, aus denen

---

* Obschon man sich dadurch zu helfen dachte, daß
man unter den Elementen in der Seele ein
vernünftiges Verhältniß annahm; so ist doch,
da jeder Körper ein anderes Verhältniß seiner
Theile hat, und dennoch sich nur Gleich und
Gleich erkennen kann, die nothwendige Folge,
daß alle Körper, die die Seele erkennt, schon
in ihr im Voraus existiren müßten.

nen die Seele besteht? — Sie wäre (auf diese
Weise) zugleich Quantität, Qualität und Substanz. — Allein es ist nicht möglich, daß aus den
Elementen der Quantität, eine Substanz, und
eine Nichtquantität erfolgen könnte. Denjenigen
also, die da meynen, die Seele bestehe aus den
Elementen aller Dinge, begegnen diese und ähnliche Ungereimtheiten.

Eben so ungereimt ist es, zu sagen: daß
Gleich und Gleich sich nicht leidend gegen einander
verhalten, ohngeachtet sie sich empfinden und erkennen. Denn sie nehmen dennoch an, daß Empfinden ein gewißes Leiden, und ein gewißes Bewegtwerden sey, und auf gleiche Weise, das Denken und Erkennen. (Woraus, denn augenscheinlich Widersprüche erfolgen.)

Daß die Meynung des Empedocles: ein jeder einzelne Gegenstand, werde durch körperliche,
sich selbst ähnliche Elemente erkannt; viele Zweifel
und Schwierigkeiten bey sich führe, bezeigt die
Erfahrung. Denn dasjenige in den Körpern der
Thiere, was allein aus Erde besteht, z. B. Beine, Nerven, * Haare, scheinen gar nichts, mithin

---

* Nicht in der Bedeutung, in welcher sie von unseren aufgeklärten Aerzten angenommen sind,
sondern bloß als Röhrchen, ohne Hinsicht auf
das, was in ihnen enthalten ist.

hin auch nicht ihres Gleichen (Erde nemlich,) zu empfinden; was doch geschehen müßte. *

Uiberdieß wird im jedem einzelnen Elemente, (aus welchem die Seele besteht,) immer mehr Unwissenheit, als Wissenschaft anzutreffen seyn. Denn ein jedes von ihnen erkennt nur eine Sache (seines Gleichen;) vieles also bleibt ihm unbekannt; weil es alles Uibrige nicht erkennen kann. — Aus der Meynung des Empedocles folgt, daß Gott (unter den Wesen,) der unwissendste sey; weil er dennoch eins von den Elementen, nemlich den Streit, (Krieg mit sich selbst; die Zerstörung seiner selbst;) nicht erkennt; während die Sterblichen alle Elemente erkennen. Denn ein jeder ist aus allen zusammengesetzt. —

Warum hat überdieß nicht alles eine Seele? — Da ein jedes Ding entweder ein Element ist, oder aus einem, oder aus mehreren, oder wohl auch aus allen Elementen zusammengesetzt ist. Denn es folgt nothwendig, daß jedes Ding entweder ein
Et-

* Aus dem Vorhergehendem erhellt, daß Aristoteles nicht glaube, daß Beine, Nerven und Haare aus bloßer Erde bestünden, sondern, daß sie vorzüglich aus Erdtheilchen zusammengesetzt sind, aber dennoch nicht die Erde, als selbstige Erde empfinden könnten.

Etwas, oder mehrere Dinge oder alle erkennen müßte. *

Nun wird doch manchen die Frage beyfallen, was denn dasjenige sey, was sie, (die Elemente,) zusammenhält und vereiniget? — Denn die Elemente sind der Materie ähnlich, (sind selbst Materie, die eine Form haben muß.) — Dasjenige, was sie zusammenhält, muß, was es auch seyn mag, das Vortreflichste, (das höchste,) seyn. Daß aber Etwas vorzüglicher wäre, als die Seele, welches zugleich über diese herrschte, ist nicht möglich; und noch weniger ist es möglich, daß es vorzüglicher, als die Vernunft wäre. Denn das ist das wahreste, daß diese (die Vernunft,) allen Uibrigen vorhergehe, das Vortreflichste unter allen und der Herr der Natur ** ist. Dem ohngeachtet wähnen sie, daß die Elemente das Erste aller Dinge sind, (allen Dingen vorhergehen.)

Alle diejenigen, die da glauben, die Seele bestehe aus Elementen, weil sie empfindet und erkennt, und diejenigen, (die eben das denken,) weil sie die meiste Bewegungskraft besitzt, reden nicht von der Seele überhaupt; denn nicht alles,

E   was

---

* Je nachdem jedes Ding aus Elementen zusammengesetzt ist. Denn sie nehmen ja an, daß die Seele deswegen erkenne, weil sie aus Elementen zusammengesetzt ist.

** In so fern die Natur die Summe aller Erscheinungen ist.

was empfindet, bewegt sich deßhalb; weil es selbst Thiere giebt, die sich nicht von ihrem Orte zu bewegen scheinen; (z. B. Austern.) Da doch die Seele durch diese alleinnige Bewegung, das Thier zu bewegen scheint. Eben so ist es mit denjenigen, (sie reden nemlich, eben so wenig von der Seele überhaupt,) die die denkende und empfindende Seele aus Elementen zusammensetzen. *
Denn auch Pflanzen scheinen zu leben, ohngeachtet sie Vernunft und Empfindungsloß sind. Auch sind die meisten Thiere eben so der Vernunft beraubt. **

Wenn man auch alles dieses zugäbe, und sowohl die Vernunft, als das Empfindungsvermögen für einen Theil der Seele hielte, so würde man dennoch weder von der Seele überhaupt, noch von der ganzen Seele, noch von einer (einzelnen) Seele im Allgemeinen sprechen. Das nemliche gilt auch von jener Meinung, die in den orphischen Gesängen *** enthalten ist. Denn er (Orpheus) sagt: daß die Seele in Lüften herumflattere, und durch das Einathmen, aus dem Weltall, (in dem Körper,) aufgenommen werde. Dieß kann aber

bey

---

* Daß die Alten mehrere Seelen annahmen, werden wir unten noch deutlicher wahrnehmen.
** Ihnen zu Folge müßte alles denken und empfinden, was aus Elementen zusammengesetzt ist.
*** Von denen wir nichts besitzen.

bey den Pflanzen gar nicht, und bey einigen Thieren eben so wenig geschehen; weil nicht alle Athen schöpfen. Dieses scheinen diejenigen, die also dachten, übergangen zu haben.

Wenn nun die Seele aus Elementen zusammengemacht seyn muß, so ist es ja nicht nothwendig, sie gerade aus allen Elementen zusammenzusetzen. Denn in widersprechenden Elementen, ist schon der eine Theil hinlänglich, sich selbst und seinen Gegensatz zu unterscheiden. So erkennen wir durch das Gerade, sowohl das Gerade als das Krumme; denn das Linial (χανων, welches nichts anderes, als eine gerade Linie ist;) ist der Richter von beyden. * Allein das Krumme ist weder sein eigener, noch des Geraden Beurtheiler.

e 2   Ach=

* Wenn man nemlich einen Gegensatz beurtheilt, so braucht man bloß das eine Glied des Widerspruchs zu wissen; um das andere zu unterscheiden. Wenn ich weiß, was gut ist, so weiß ich es auch schon vom Bösen zu unterscheiden, u. s. w. Mithin brauchten in der Seele auch nur, von den sich entgegen stehenden Elementen die einen da zu seyn. — Aber auch dieß, meynt Aristoteles, würde ihnen bey ihrer Behauptung nicht viel nützen; weil nicht ein jedes Glied des Widerspruchs schon die Anweisung zur Beurtheilung des entgegenstehenden Gliedes giebt, sondern nur dasjenige, was bestimmt die Form und Eigenschaft einer Sache angiebt, nicht aber dasjenige, was
                eine

Achtes Hauptſtück.

Daß die Seele nicht mit dem Weltall ver=
mengt ſey.

Es giebt auch noch einige, die glauben: die Seele
ſey mit dem ganzem Weltall vermengt. Deswe=
gen meinte vermuthlich Thales, daß alles voller
Götter ſey. * Dieſe Meynung aber erregt viele
Zweifel. — Warum macht die Seele, wenn ſie
in der Luft oder im Feuer beſteht, kein Thier;
(ihre Wirkungen nicht, wie im Thiere;) da ſie
es doch in vermiſchten Gegenſtänden, (in Thieren,)
ohne weiterem, macht? — zumal, da ſie in je=
nen, (in der Luft und dem Feuer nemlich,)
weit vorzüglicher zu ſein ſcheint. **

Dann

---

eine bloße Negation andeutet; ſo kann das
Krumme nicht dazu dienen, das Gerade zu be=
urtheilen; ſo kann auch nach dem Plato in ſei=
ner Republik, nur der Gute, über ſich ſelbſt
und andere urtheilen; der Böſe aber nicht.

* Dieſer Meinung waren mehrere zugethan, z. B.
Thales, Heraclitus, ſelbſt Plato ſchien ſo zu
denken, Zeno; und andere.

** Wenn ſich nemlich die Seele in der Luft, o=
der im Feuer, (welche zwey viele Philoſo=
phen für die Haupt und Urbeſtandtheile der
ganzen Welt hielten,) befindet, warum zeugt
ſie in dieſem Zuſtande nicht ihre Wirkungen?
— was doch, wenn das obige wahr iſt, ge=
ſchehen

Dann kann auch jemand fragen: warum die Seele in der Luft vorzüglicher und unsterblicher ist, als jene in den Thieren? — (denn Feuer und Luft dauern ewig, während die Thiere absterben.) Auf beyden Seiten entdekt man viel Absurdes und Vernunftwidriges. Denn behaupten: daß das Thier Luft und Feuer sey, ist gänzlich vernunftloß gesprochen; (was man doch nach der Voraussetzung sagen müßte) und sagen: daß es keine Thiere sind, wenn in ihnen eine Seele ist, ist absurd. — Sie scheinen deswegen die Seele in dieses, (das ganze Weltall,) zu versetzen, weil das Ganze mit seinen Theilen, von der nemlichen Art ist. * Daher folgt nothwendig, daß die Seele und die Theile (des Weltalls) von einerley Art seyn müssen; wenn nemlich die Thiere eben dadurch beseelt werden, daß sie einen Theil des sie amgeben-

schehen müßte. Und da diese Elemente, Feuer und Luft, immer währen, die Thiere aber hinsterben, so muß die Seele, wenn sie im Universum herumflattert, weit mehr Vorzüge haben, als in dem thierischen dahin sterbenden Körper.

* Was in Theilen ist, behaupten sie, ist auch im Ganzen; nun sind aber die meisten Theile beseelt; weil alle Thiere und Pflanzen beseelt sind, und selbst die Luft, nach der Meinung der Philosophen, weil sie, indem sie eingeathmet wird, die Seele erhält, etwas Beseelendes in sich haben muß; so muß also das Ganze beseelt seyn; weil es ganz mit Luft durchdrungen ist.

benden Körpers, (der Luft,) in sich einathmen.
Wenn aber die (durch das Weltall) ausgebrei-
tete Luft von einerley Art ist; die Seele aber (in
den verschiedenen Thieren z. B. dem Pferde,
Menschen u. s. w.) aus verschiedenen Theilen zusammengesetzt ist, so ist es offenbar, daß ein Theil
derselben (Luft,) in ihr seyn muß, ein anderer
wieder nicht. Es folgt also nothwendig, daß die
Seele (in allen Geschöpfen) entweder aus ähnlichen Theilen bestehe, oder daß sie nicht in jedem
Theile des Weltalls verbreitet seyn könne. (Nun
ist das Erste ganz unrichtig, folglich kann die
Seele nicht im Weltall verbreitet seyn.)

Aus dem Gesagten ergiebt sich nun, daß der
Seele, weil sie aus Elementen zusammengesetzt ist,
weder Erkenntniß zukomme, noch auch richtig und
wahrhaft behauptet werde, daß ihr, (aus eben
der Ursache,) Bewegung zugeschrieben werden
müsse.

Neuntes Hauptstück.

Von der Einheit der Seele und ihren Funktionen.

Da nun aber das Erkennen, das Empfinden,
das Denken und auch das Verlangen, das Uiber-
legen

legen und alle Begierden, der Seele eigen sind;
auch die Bewegung der Thiere von ihrem Orte,
wie auch ihr Zuwachsen, ihr Bestehen und Hin-
schwinden von der Seele herkommen; so kann man
fragen, ob eine jede von diesen Operationen der
ganzen Seele zukomme, ob wir also alles verstehen
und empfinden? — ob wir eine jede von diesen
Operationen wirken, und ob wir (bey andern auf
uns wirkenden) leiden? — oder ob eine jede andere (von diesen Operationen,) anderen Theilen
der Seele zukomme? — Ob das Leben in einer
von diesen (Seelen, denn die Alten theilten jedem Geschäfte eine Seele zu, *) oder in mehreren, oder in allen zugleich bestehe; oder ob es nicht
etwa eine andere Ursache desselben gäbe? — Einige sagen nun, daß die Seele theilbar sey; und
mit einem Theile denke, mit dem anderen verlan-
ge, (wolle.)

Wenn

---

* Wir haben schon oben Plato's Meinung über
die Eintheilung der Seele gesagt. Obschon er
nemlich nur eine annimmt; so theilt er sie doch
- wieder in drey Theile, die er auch wieder Seelen nennt; obschon sie nur eine, nemlich die
Seele des Menschen ausmachen. Daß er der
denkenden ihren Sitz im Kopfe: der zürnenden
in der Brust; und der begehrenden in der Ge-
gend unter dem Zwerchfelle anweißt, ist schon
oben angemerkt worden.

Was hält nun aber die Seele zusammen,
wenn sie ihrer Natur nach theilbar ist? — Der
Körper gewiß nicht; weil es vielmehr scheint, daß
die Seele im Gegentheile den Körper zusammenhalte; denn nachdem sie den Körper verlassen hat,
wird er aufgelößt und vermodert. Wenn also
Etwas denselben zu Einem macht, so wird es wohl
ganz vorzüglich die Seele seyn. Allein man wird
immer noch fragen müssen, ob sie eine Einheit,
oder ob sie wieder etwa theilbar ist. Wenn sie
eine Einheit ist, warum sagen wir nicht lieber gerade hin: die Seele ist eine Einheit. Ist sie aber
etwas Theilbares, so wird die Vernunft wieder
fragen; was denn diese Theile wieder zusammenhalte? — Und auf diese Weise würden wir uns
ins Unendliche verlieren. (Man könnte, nemlich,
immer wieder fragen, was umfaßt nun wieder
diese Theile? — welches nicht Statt finden kann.)
— In Ansehung ihrer Theile könnte jemand auch
wieder Bedenklichkeiten haben; welch eine Gewalt
(nemlich,) jeder Theil in dem Körper ausübe?
— Denn wenn die ganze Seele den ganzen Körper zusammenhält, (und die Seele auch in Theile
getheilt ist,) so muß ein jeder Theil der Seele
auch einen Theil des Körpers zusammenhalten.
Dieß scheint aber unmöglich zu seyn. — Welch
einen Theil das Gemüth (Erkenntnißvermögen)
zusammenhalte, und auf welch eine Art ist schwer
zu errathen. — Zertheilte Pflanzen (einzelne Theile von Pflanzen z. B. Zweige,) scheinen zu leben, wie auch einige Insekten, (wenn sie in Stü-

ck

cke und Theilchen zerschnitten sind,) als ob sie
eine und eben dieselbe Seele in Ansehung der Art,
obschon nicht in Ansehung der Zahl, besäßen. —
Beide Theile also (von zerschnittenen Pflanzen,
und von zerschnittenen Thieren,) haben Empfindung, und können sich durch einige Zeit von ihrem
Orte fortbewegen. Wenn sie auch nicht als zer-
stückelt fortwährten, so ist unsere Behauptung dennoch nicht widersinnig. Denn sie haben nicht die
Organe, vermittelst derer sie ihre Natur fortpflanzen könnten. Nichts desto weniger sind in beyden
(Stücken vom zertheilten Ganzen,) alle Theile
der Seele enthalten. Und sie sind sowohl unter
einander, als mit der ganzen Seele von der nemlichen

---

* Wenn die Seele dem Körper theilweise beiwohn-
te, so, daß verschiedene Theile des Körpers,
verschiedene Theile der Seele in sich hätten;
so sollte das nemliche in Thieren und Pflanzen,
als welche eben auch beseelt sind, statt finden.
Allein einzelne Theile von Pflanzen z. B. Zweige und Reiser, treiben, wenn man sie setzt,
ganze Stämme; in ihnen ist also die ganze Lebenskraft und nicht ein Theil derselben. Einzelne Theile von Insekten, z. B. von Schne-
cken, Gewürmen, und anderen Thieren, leben
fort, wenn sie auch von dem übrigem Körper
abgeschnitten sind, ernähren sich, wachsen, und
sind so, als ob sie noch ganz wären. Mithin
ist in ihnen nicht ein Theil der Seele, sondern die ganze Seele dieses Thieres. Folglich
kann man die Seele nicht in Theile theilen, die
nach ihrer Verschiedenheit verschiedene Theile
des Körpers einnehmen.

lichen Art; unter einander, weil sie nicht mehr
theilbar sind; mit der ganzen Seele aber, weil
sie theilbar ist, (und sie diese Theile sind.)

Es scheint auch, daß dasjenige Princip,
welches in den Pflanzen enthalten ist, (das Leben)
eine gewiße Seele sey. (die Alten nannten sie
die ernährende Seele.) — Denn sie ist den Pflanzen und Thieren allein gemein, (weil sie alle leben.) — Sie wird aber vom Empfindungs-Prin-
zip unterschieden, obschon ohne sie nichts ist, was
einer Empfindung fähig wäre.

Ueber

Ueber die Seele

vom

Aristoteles.

Zweites Buch.

Erstes Hauptstück.

Die Seele ist die Vollendung und Hauptform des natürlichen, organischen, mit
dem Vermögen zu leben begabten Körpers.

Nachdem wir die Meinungen der Alten über die
Seele hergezählt, (und zugleich widerlegt,)
haben; so müssen wir wieder (zu den, im ersten
Hauptstücke des vorigen Buches vorgelegten
Fragen,) zurückkehren, und uns bemühen; als
ob wir ganz vom Neuen anfiengen, zu bestimmen,
was die Seele ist, und welch eine gemeinschaftliche Definition sie zulasse.

Die gewisse einzige Gattung aller existiren-
den Dinge nennen wir eine Substanz, von welcher

cher die eine die Materie genennt wird; die aber
für sich genommen nicht ein Etwas ist; * (weil
die Art ihres Seyns nicht bestimmt ist.) Die
andere die Form und Gestalt, vermittelst welcher
ein Ding doch schon Etwas ist. ** Die dritte
diejenige, welche aus diesen, (aus der Materie
und Form nemlich,) zusammengesetzt ist. *** Die
Materie ist das Vermögen zu einer bestimmten
Form; die Form aber die endliche Vollendung
der Materie. **** Diese wird in zweyerley Bedeutung

---

* Z: B. das Thier, als Materie betrachtet, kann
noch nicht ein Thier heißen.

** Z. B. eine Pflanze, ein Thier, kann in Anse-
hung der Form doch eine Pflanze, ein Thier
genennt werden.

*** Z. B. ein Mensch, ein Baum, in Ansehung sei-
ner Materie und seiner Form.

**** Aristoteles entwickelt hier den Begriff der Sub-
stanz durch die Darstellung dessen, was die
Substanz ausmacht: Materie, nemlich, Form,
und was aus ihnen zusammengesetzt ist. Die
Materie ohne Form macht noch keine Substanz;
sie ist nur eine todte Masse, ohne alle Kraft,
ohne alle Form. Die Form aber, kann auch
ohne Materie gedacht werden, und bestimmt
schon Etwas; denn sie ist die Vollendung der
Materie; ohne welche die Masse ohne Bestimmung ist. Beide zusammengesetzt machen die
wirkliche Substanz aus. — Die Substanz,
nach den unsterblichen Werken, unseres Kants,
ist dasjenige, was nicht, als Prädikat eines
anderen betrachtet wird; das Beharrliche an
einem Gegenstande, was zu aller Zeit existirt.

tung genommen, theils nemlich, wie die Wissenschaft, und theils, wie Contemplation. *

Körper, (aus Materie und Form zusammengesetzte Gegenstände) — scheinen besonders Substanzen zu seyn; unter diesen vorzüglich jene, die natürlich, (nicht durch Kunst verändert,) sind. Denn sie sind das Prinzip aller Uibrigen. (Durch Kunst hervorgebrachter Dinge.)

Einige von den natürlichen Körpern haben ein Leben, andere nicht. — Das Leben nennen wir ein (in sich selbst bewirktes,) Ernähren, Wachsen und Absterben. ** Folglich ist jeder natür-

---

* Denn die Form, kann entweder als bloße Form, an und für sich, logisch; oder als auf Gegenstände überhaupt angewendet, transscendental betrachtet werden. — Von welcher sich die eine zur anderen, wie Wissenschaft zur Contemplation verhält. — Denn etwas Anderes ist Wissenschaft, an und für sich, das Vermögen Etwas zu wissen; und etwas Anderes in einem Subjekte, wo sie Contemplation ist; weil man das Vermögen zu wissen, erst durch Betrachtungen in Thätigkeit setzen muß.

** So hat der Stein, das Feuer, das Wasser, u. s. w. kein Leben; weil sie nicht von Innen wachsen; die Pflanzen aber, und Thiere nehmen Nahrung von Außen, verarbeiten sie selbst von Innen, und befördern, dergestalt, ihre Ernährung, ihr Wachsthum, und die Abnutzung ihrer Werkzeuge, ihren Tod.

türliche, des Lebens theilhaftiger Körper eine Substanz; und zwar eine zusammengesetzte. *

Da der Körper von der Art ist, daß er das
Leben in sich enthält, so kann er keineswegs die
Seele selbst seyn; denn er kann nicht dasjenige
seyn, was im Subjekte angetroffen wird; er
muß vielmehr selbst das Subjekt und die Materie
seyn. **

Die Seele, als die Form des natürlichen,
mit dem Vermögen zum Leben begabten Körpers,
ist also nothwendig eine Substanz; diese Substanz
aber, ist die endliche Vollendung und Hauptform;
folglich die endliche Vollendung und Hauptform
eines solchen Körpers. Allein da diese wieder in
zweyerley Bedeutung also genennt wird, nach welcher sie sich theils wie Wissenschaft, theils wie
Contemplation verhält, so ist es offenbar, daß sie
sich wie die Wissenschaft verhalte; (daß sie folglich die Form an und für sich, die ursprünglich
erste Form bedeute.) — Denn sie ist, in so fern
in ihr die Seele enthalten ist, ein Schlafen und
                                                    ein

---

* Weil der Körper aus 2 Theilen: dem Körper
und dem Leben; d. i. der Materie und der Form
zusammengesetzt ist.

** Die Seele kann also keine zusammengesetzte We-
senheit haben, weil sie sonst dem Körper eben
so wesentlich zugehörte, als der Körper sich
selbst; mithin von ihm gar nicht unterschieden
seyn würde. Sie ist also, da sie die Materie
nicht seyn kann, und dennoch mit und bei ihr
ist, die Form dieser Materie.

ein Wachen; dem Verhältniße nach entspricht das Wachen der Contemplation, das Schlafen aber der Fähigkeit (etwas zu wissen,) die jedoch nicht in Thätigkeit gesetzt ist. *

Allein dem Ursprunge nach ist die Wissenschaft, (die Form, die sich wie Wissnschaft verhält;) eher und geht dem vor, welches aus ihr entsprang, der Contemplation nemlich.

Daher ist die Seele die endliche Vollendung und Hauptform, des natürlichen, mit dem Vermögen zu leben begabten, organischen Körpers. **

Auch

---

* Mithin ist die Seele die endliche Vollendung und Hauptform des Körpers; weil alle ihre Wirkungen von dieser abgeleitet werden; so wie die Contemplation auf die Wissenschaft folgt. Aber auch aus ihren Wirkungen folgt das nemliche. Die Seele ist, in Ansehung ihres wirkenden Zustandes ein Wachen oder ein Schlafen. Im jenen ist die Seele geschäftig; im diesem existirt sie zwar, aber ohne alle Operation. Allein um geschäftig zu seyn, um zu wirken, muß sie erst existiren; folglich geht das Seyn der Seele ihren Wirkungen so vor, wie die Wissenschaft der Contemplation vorgeht. Und da der Schlaf zwar ein Seyn der Seele, aber ohne alle Wirkung ist; das Wachen aber ein wirkendes und thätiges Seyn derselben ist; mithin das Seyn ohne Thätigkeit voraussetzt, so muß sich die Seele zu ihrer Wirkung, wie der Schlaf zum Wachen verhalten.

** Nach dem Griechischen sollte die Definition also seyn: „ Die Seele ist die endliche Vollen-

Auch die Theile der Pflanzen sind organisch; aber freylich einfach; so ist das Blatt die Bedeckung dessen, was um die Frucht ist; (des Fruchtkapsels,) und das, was um die Frucht ist, (das Fruchtkapsel,) die Bedeckung der Frucht selbst. Die Wurzeln aber sind dem Munde (der Thiere) ganz ähnlich; denn mit beyden, (den Wurzeln sowohl, als dem Munde,) wird die Nahrung eingezogen. *

Wenn man also eine, allen Seelen gemeinschaftliche Definition festsetzen will, so kann man sagen

___

dung und Hauptform eines natürlichen, mit dem Vermögen, ein Leben zu haben, begabten Körpers; ein solcher Körper aber ist ein Organicum. Nun nennen aber die Griechen einen sinnlichen Körper, der das Vermögen zu leben hat, ein Organicon, weil er verschiedene Werkzeuge zu verschiedenen Wirkungen in sich enthält. Folglich hätte ich zu obiger Definition im Texte noch hinzusetzen sollen, der mit verschiedenen Werkzeugen zu verschiedenen Wirkungen ausgerüstet ist. Ich habe daher, um durch diesen Schweif die Kürze und Einfachheit der Definition nicht zu verletzen, lieber das Wörtchen organisch eingeschaltet, weil es eben dasselbe ausdrückt.

* Aristoteles begegnet hier im Voraus einem Einwurfe, den man wider seine Definition machen könnte. Man könnte nemlich sagen: daß sie nicht allgemein genug wäre; indem sie nicht auf die Pflanzen passe; weil in ihnen keine organische Theile wären. Welches er dadurch widerlegt, daß er beweist, daß die Pflanzen organische Körper sind.

sagen: Die Seele ist die endliche Vollendung und Hauptform eines natürlichen, organischen Körpers. *

Daher soll man eben so wenig fragen, ob Seele und Körper, Eins sind; als (man fragt:) ob das Wachs und dessen Figur; oder wohl gar; ob die Materie eines Dinges, und das, dessen Materie es ist, (die Form,) Eins sind. Da Eins (für sich genommen,) und Eins seyn; (mit Etwas Anderem nemlich Eins seyn,) ganz verschiedene Bedeutungen haben; so ist unter der Hauptform jene, eigentlich und an und für sich genommene Einheit zu verstehen. **

Wir haben festgesetzt, was die Seele (überhaupt genommen,) sey. Denn sie ist, nach der

F

Defi-

---

* Ich habe das schwere Wort, über das schon so viel gestritten wurde; εντελεχεια nemlich, mit — endliche Vollendung und Hauptform — übersetzt. Meine Rechtfertigung hierüber siehe in der Vorrede.

** Körper und Seele sind zwar beide, für sich genommen Eins; jener ist die Materie, und diese die Form: Sie machen aber zusammengenommen Eins aus. In so fern die Form die Materie erst zu einem Dinge gestaltet: Nicht aber, als ob sie durch ein Drittes verbunden wären. Daher macht auch die Hauptform eigentlich und vorzüglich Eins; weil sie der Materie erst ein ordentliches bestimmtes Seyn giebt.

Definition, das Wesen des Körpers, was den
Körper zu einem solchen macht. (Was macht,
daß der Körper dieser und kein anderer ist.)

Gerade so, als ob man, z. B. ein Beil,
oder sonst ein (unbelebtes,) Werkzeug, für einen
natürlichen, (nicht durch Kunst gemachten,)
Körper annehme. Sodann würde die Wesenheit
desselben, (dasjenige, was da macht, daß es
ein Beil ist, seine Schärfe und die damit ver-
bundene Gestalt,) seine Substanz ausmachen;
und die Seele würde eben dasselbe seyn. Nachdem aber diese von ihm getrennt würde, (wenn
man dem Beile seine Schärfe und Figur benäh-
me,) würde es schon kein (wirkliches,) Beil
mehr seyn, sondern bloß den Namen eines Beiles
haben. — So aber bleibt es immer ein Beil; weil
die Seele nicht die Wesenheit und Bestimmung eines solchen (künstlichen) Körpers ausmacht; sondern eines natürlichen, eines solchen, der das
Prinzip der Bewegung und seines Zustandes in sich
selbst enthält.

Das nun gesagte kann man selbst in Theilen
des Körpers bewähren. Wenn man (z. B.) das
Auge, als (belebtes,) Thier annimmt, so wird
das Sehen, (das Vermögen zu sehen,) seine
Seele seyn. Denn dieses ist nach der Bestimmung des Auges, desselben Wesenheit. — Das
Auge, (an sich selbst,) ist die Materie des Sehens, (des Gesichtes,) — Wenn nun aber dieß
(Sehen) fehlt, (wenn es nicht sieht,) so ist es
kein

kein (wirkliches) Auge mehr, sondern hat bloß
den Namen desselben; wie z. B. ein in Stein ge-
hauenes oder gemahltes Auge.

Man kann nun das von Theilen, auf den
ganzen lebenden Körper anwenden. Denn sie stehen im Verhältniße gegen einander. So wie sich
nemlich ein Theil zum anderem verhält; so verhält sich das Empfindungsvermögen zum ganzen
empfindenden Körper; in so fern er empfindet. *

Uibrigens hat nicht dasjenige, was keine
Seele mehr hat, sondern dasjenige, was eine hat,
das Vermögen zu leben. Der Saamen aber und
die Frucht, sind dem Vermögen nach, solche Körper, (wie nemlich diejenigen waren, von denen der Saamen genommen wurde, mithin,
dem Vermögen nach lebend.)

(So wie also das Einschneiden,) mit dem
oben angeführten Beile, (und das) wirkliche (Sehen) mit dem ebenfalls als Beyspiel angeführtem
Auge, auch zugleich die Form des Beils und Ge-

f 2   sich-

---

* Der empfindende Körper hat das Empfindungs-
vermögen zur Form und sich selbst zur Mate-
rie; wie das Auge das Vermögen zu sehen
und sich selbst, zur Form und Materie hatte.
Das nemliche gilt von anderen Eigenschaften.
Wo wir sodann sagen: daß sich die Seele zum
Körper verhalte, wie die Hauptform zu ihrer
Materie.

ſichtes ſind, aber die in Thätigkeit geſetzte Form, (alſo iſt auch das Wachen) die Thätigkeit der Seele, (die Hauptform des Körpers) in ihrer Thätigkeit; (und auf gleiche Weiſe; ſo wie das Geſicht,) Vermögen zu ſehen, (und die Kraft des Werkzeugs) Formen an und für ſich ſind; (ſo iſt die Seele die Hauptform des Körpers an und für ſich.) Der Körper aber iſt dasjenige, was das Vermögen zu leben in ſich enthält. — Allein, ſo wie das Geſicht und der Augapfel zugleich das Auge ausmachen, alſo macht Leib und Seele ein vollendetes Thier aus. *

Daß die Seele (in ihrer Wirkung,) vom Körper nicht getrennt werden könne, oder wenn ſie gar ihrer Natur nach, theilbar iſt, gewiße Theile des Körpers (zunächſt) belebe, iſt nicht unwahrſcheinlich, weil ſie die Form einiger gewißer Theile

---

* Hier erläutert Ariſtoteles dasjenige aus der Deſinition der Seele, wo geſagt wird: daß der Körper das Vermögen zu leben in ſich enthalte. Ein Vermögen zu Etwas haben, kann auf zweierlei Art erklärt werden. Entweder iſt das Vermögen noch ſchlummernd (poteſtate) oder ſchon wirkend (actu). Ein Beyſpiel von der erſten Art ſind Saamen und Früchte, in denen die künftige Pflanze, gleichſam ſchläfernd gefunden wird. Zur zweyten Gattung gehört unſer Körper in Rückſicht auf die Seele. Denn er beſitzt actu, wirklich, in dieſer Hinſicht, das Vermögen zu leben. Denn als abgeſchieden von der Seele kann man ihm nicht das Vermögen zu leben, beilegen.

le ist. (z. B. das Wachsthum des Thieres, die Verdauung und Vertheilung der Säfte, welche gewißen Theilen im Körper zukommen.) — Indeſſen hindert uns nichts, einige vom Körper getheilt anzunehmen, weil ſie die Form keines Körpers ſind. (wie z. B. die Denkkraft, die Vernunft, der Wille.) * Dennoch bleibt es noch nicht ausgemacht: ob die Seele eben ſo die Hauptform des Körpers iſt; wie der Schiffsmann der Leiter ſeines Schiffes. **

Auf dieſe Weiſe haben wir nun über die Seele überhaupt geſprochen und geſchrieben.

Zweytes Hauptſtück.

Wie und wodurch die Seele die endlich vollendende Form ſey.

Da aus, ob zwar dunklen, aber doch mehr bekannten Sätzen, ſodann für uns offenbar gewiße,

und

---

* Die Seele, wenn man ſie in ihrer Thätigkeit denkt, kann freilich nicht vom Körper getrennt ſeyn. Allein, da einige Vermögen, als das Vermögen der Principien, die Denkkraft, der Wille ꝛc. körperlichen Theilen ohnmöglich zukommen können, weil ſie ſelbſt nicht, als Vermögen, auf Erfahrung beruhen, ſo kann auch die Seele, als vom Körper getrennt, gedacht werden.

und nach Vernunft-Gesetzen bestehende entwikelt
werden, so wollen wir uns bemühen, auf solche
Weise über die Seele weiter zu handeln.

Man muß nicht allein in einer Definition
bestimmt angeben: was Etwas ist; wie die meisten Definitionen es auch thun; sondern auch den
Grund, (warum das, was gesagt wird wirklich so sey) in dieselbe einschalten und in ihr her-
vorblicken lassen. (Man muß nicht allein die formale Definition angeben, sondern auch die causale.) — Itzt aber sind die (formale und materiale)
Definition gleichsam Schlüße. (Mehr Schlußsätze,
als erklärende Definitionen) z. B. Was ist ein
Viereck? — eine rechtwinklichte, gleichseitige Figur, die einem Rechteck (rectangulo) gleich ist.
— Eine solche (formale und materiale) Definition hat die Gestalt eines Schlußes. Welche aber
sagt, daß das Quadrat die Erfindung einer Mittelzahl sey, (die gegen die größere und kleinere
Seite des Rechtecks im gleichem Verhältniße
steht,) diese giebt zugleich den Grund der Handlung an, (und ist also die causale Definition.) *

Wir

---

* Hier bezieht sich Aristoteles ohne Zweifel, auf
die 17te Proposition im 6ten Buche des Eucli-
des, sie lautet also: Wenn drei proportionale (im Verhältniß stehende) Linien gegeben sind; und aus den 2 äusersten, (der kür-
zestem nemlich und längstem) ein Rechteck,
aus der mittelem aber ein Viereck beschrieben
wird; so ist das Rechteck dem Vierecke gleich.

Mit-

Wir fangen nun unsere Betrachtung an, und sagen: daß das Belebte vom Leblosen durch das Leben unterschieden sey. Das Leben ist nun aber sehr verschieden; indem man Allem, was auch nur Eins von diesen, nemlich Verstand, Empfindung, Bewegung vom einem Orte, und Stätigkeit in einem Orte; Verdauung der Nahrung, Absterben oder Wachsthum hat, sogleich ein Leben zuschreist. * Auf diese Weise scheinen alle Pflanzen zu leben. Denn sie haben ein solches, Vermögen und Prinzip; durch welches sie eines Wachsthums und eines Hinsterbens fähig sind, und zwar (in Ansehung

Mithin, wenn jemand aus einem gegebenen Rechteck, ein ihm gleiches Viereck beschreiben wollte, müßte er zwischen der größerem und kleinerem Seite des Rechtecks, die proportionale Mittellinie suchen; vermittelst der er sodann ein gleiches Viereck beschreiben könnte. Daher müßte auf die Frage: Worinn besteht die Verfertigung eines Quadrats, wenn ein Rechteck schon gegeben ist; geantwortet werden: darinn, daß man zwischen der größerem und kleinerem Seite die Mittelseite, und wenn die Seiten durch Zahlen ausgedrückt werden, die Mittelzahl erfindet. — Jene causale Definition der Seele giebt das Princip aller Handlungen an, die der Seele beigelegt werden; und dient zum Beweise und zur Befestigung dessen, was in der formalen Definition gesagt wurde.

* So schreiben wir den Pflanzen ein Leben zu, wie wir itzt gleich hören werden; so leben die Thiere, weil sie empfinden; und so leben die Menschen, weil sie denken und empfinden.

88

sehung des Wachsthums,) in entgegengesetzter
Richtung; indem sie nicht so empor wachsen als
ob sie nicht auch niederwärts wüchsen: sondern
auf gleiche Weise gegen beyde Richtungen, (auf
und abwärts,) zunehmen. Gegen alle Richtungen, (auf allen Seiten,) verbreiten sie ihre Nahrung, und leben auch so lange, als sie fähig sind
Nahrung aufzunehmen, (und zu verdauen.)
Dieses Vermögen sich zu ernähren (*vis nutriens*)
kann von allen übrigen (dem Empfindungs und
Erkenntnißvermögen u. s. w.) getrennt werden.
Alle übrige aber können bei Sterblichen (Thieren und Menschen,) ohnmöglich von diesem ge-
schieden werden. * Was auch offenbar in Pflanzen eintrift; weil sie kein anderes Vermögen der
Seele haben. — Das Leben, (als ein Vermögen sich zu ernähren), kommt als Princip allen
lebenden Geschöpfen zu. Erst durch die Empfindung wird ein solches lebendes Geschöpf ein Thier.
Denn selbst diejenigen, die sich weder bewegen,
noch ihren Ort verändern, (verschiedene Arten
von Conchylien und die Zoophyta, Thierpflan-
zen überhaupt,) wenn sie nur Empfindung haben, werden nicht bloß lebende Geschöpfe. (Pflanzen,) sondern Thiere genannt. Vor allen anderen

* Alle übrige Vermögen, die oben her gezählt wurden, z. B. das Empfindungsvermögen in Thieren, und das Erkenntnißvermögen in Menschen,
können nicht ohne lebenden Körper also auch
nicht ohne eine ernährungsfähige Kraft, gedacht werden.

ren Sinnen haben die Thiere vorzüglich das Gefühl; denn wie das Vermögen sich zu ernähren
von dem Gefühle und von allen übrigen Sinnen
getrennt werden kann, (wie wir bey Pflanzen
sehen,) also kann auch das Gefühl von allen übrigen Sinnen getrennt seyn. * Wir nennen daher
das ernährende Prinzip denjenigen Theil der Seele, dessen auch die Pflanzen theilhaftig sind. Alle
Thiere aber scheinen den Sinn des Gefühls zu haben. Warum beydes geschehe, werden wir weiter unten (im 3ten Buche im 13ten Hauptstück,)
darthun.

Itzt mag nur so viel gesagt seyn; daß die
Seele das Prinzip aller deren Vermögen sey, die
wir itzt herzählten; und also auf diese Weise, das
Prinzip des Vermögens sich zu ernähren, des Empfindungs und Erkenntnißvermögens, und des Vermögens sich zu bewegen.

(Nun kann man aber noch fragen:) ob ein
jedes von diesen Vermögen eine Seele ist? oder
nur ein Theil derselben? — und wenn sie ein
Theil derselben sind, ob sie bloß ihrer Bestimmung
nach, oder selbst ihrem Sitze nach, von einander
ge-

* Weil viele Thiere den einzigen Sinn des Gefühls und des Geschmackes haben; mithin das
einzige Gefühl. Weil der Geschmack nichts
Anderes, als ein locales Gefühl ist.

getrennt find? — * Bey einigen ist es nicht schwer
zu bemerken, (daß die Seele einfach und daß
einzige Prinzip mehrerer Vermögen sey,) Bey
anderen aber entstehen mancherley Zweifel.

(Daß es leicht sey, beweißt folgendes:)
So wie in Pflanzen einige Theile getheilt und von
einander getrennt zu leben scheinen; weil die Seele
die in ihnen ist, der Form nach, zwar in jeder
Pflanze einzig, dem Vermögen nach aber vielfach
ist; (indem jedes Zweigchen jene ernährende
Seele bey sich führt; was man ersicht, sobald
es in die Erde eingepflanzt wird;) eben so sehen wir, daß in Insekten, wenn sie zerschnitten
werden, die Seele andere Eigenschaften (als in
Pflanzen,) aber doch die nemlichen (als im nemlichen Thiere) zeigt. Denn beyde Theile des
zerschnittenen Insekts, äußern Empfindung, und
bewegen sich von ihrem Orte. Sobald sie empfinden, so haben sie auch Phantasie und Begierde. Denn wo Empfindung ist, dort ist Schmerz
und Vergnügen; und wo schon einmal diese sind,
da ist auch Begierde, (nach angenehmen Empfindungen, und Abscheu von unangenehmen.)

Vom

---

* Ob sie nemlich bloß ihrer Wirkung nach, und
also ihrer Definition zu Folge, die wir von
ihren Wirkungen hernehmen, unterschieden sind,
oder ob sie auch ihrem Orte nach, wo sie wirken, unterschieden sind; ob also das Empfindungs und Denkungsvermögen u. s. w. ein jedes einen anderen Ort bewohnt.

* Vom Verstande aber, und dem Vermögen zu kontempliren (der Vernunft,) weiß man nicht so viel. Dieß scheint vielmehr eine alleinige Gattung der Seele zu seyn; die allein, (vom Körper,) getrennt werden kann, wie das Ewigwährende, (Unsterbliche,) vom Sterblichen getrennt wird. — Daß die übrigen Theile der Seele, wie einige behaupten, nicht getrennt werden können, ersieht man schon aus allen vorhergehenden. — Daß sie aber, ihrer Bestimmung nach, unterschieden sind, ist offenbar. Weil die Wesenheit des Vermögens zu empfinden, und das Vermögen zu meynen, (von dem wir noch unten reden werden,) unterschieden sind. Denn auch das Empfinden und Meynen sind sehr von einander unterschieden. Auf gleiche Weise ist auch ein jedes einzelne von den anderen hergezählten unterschieden. Uiberdieß besitzen einige aus den Thieren alle Theile der Seele; andere nur einige von denselben; andere gar nur einen. ** Und eben dieß ist es, was den Unterschied der lebenden Geschöpfe bestimmt; warum es aber so geschehe, werden wir nachher erforschen.

Das

---

* Folglich kann man in diesen sehr leicht die unterschiedenen Vermögen wahrnehmen; noch leichter aber kann man in diesen ersehen, daß ihre Seele der Art nach in ihren Theilen die nemliche bleibt.

** Die Pflanzen haben nur das Vermögen sich zu ernähren und zu leben. Alle Thiere haben, nebst diesem, das Empfindungsvermögen. Die Menschen haben, nebst diesen, das Erkenntnißvermögen; folglich alle Vermögen.

Das nemliche geschieht auch in Ansehung der
Sinne, (Empfindungswerkzeuge.) Einige Thiere haben alle Sinne, andere nur einige; und noch
andere nur den einzigen, nothwendigsten Sinn,
nemlich das Gefühl. *

Weil aber dasjenige, mit welchem wir leben und empfinden, zweyerley Bedeutung hat; wie
dasjenige, mit welchem wir Etwas wissen, von
denen wir das Eine die Wissenschaft, (das Vermögen Etwas zu wissen,) das andere aber die
Seele, (dasjenige, welche dieses Vermögen hat,)
nennen, denn vermittelst beyder kann ich erst was
(wirklich) wissen; und wie, auf gleiche Weise,
das Gesund seyn, denn wir sind gesund, theils
aus Gesundheit, (wegen der Gesundheit an sich
genommen,) theils an einem gewißen Theile des
Körpers; oder auch am ganzen Körper; so sind
also Wissenschaft und Gesundheit, (an und für
sich genommen;) die Form, Bedingung, Bestimmung, und gleichsam die eigene Handlungsweise solcher für sie empfänglicher Körper; das
Wissen nemlich, des für Wissenschaft empfängli-
chen; die Gesundheit aber des für sie empfängli-
chen. Denn die eigene Handlungsweise solcher in
Thätigkeit versetzter Körper, scheint in dem leidenden

* Es giebt einige von den Gewürmen und Insekten, die bloß das Gefühl und den Geschmack
haben. Die vollkommenen Thiere aber haben
alle Sinne.

den, und (bloß für jene Wirkung,) empfängli=
chen Körper zu existiren. *

Die Seele ist daher dasjenige, durch
welches wir endlich (πρωτως) leben, empfinden
und denken. Daß sie also dergestalt die Form
und Bedingung; nicht aber die Materie und das
Subjekt (eines denkenden Wesens) ausmacht.

Denn eine Substanz wird auf dreyerley Art
also benennt, wie wir schon sagten. Von denen
eine die Form, die andere die Materie, die dritte,
das aus beyden zusammengesetzte ist. — Aus
diesen ist die Materie das Vermögen (für eine be=
stimmte Form;) die Form aber die endliche Vol=
lendung (der Materie.) — Weil aber dasje=
nige, welches aus beyden zusammengesetzt ist, ein
belebtes Geschöpfe ist; so kann der Körper nicht
die endlich vollendende Form der Seele seyn; wohl
aber sie selbst die endlich vollendende Form des
Körpers. Daher denken diejenigen wohl, die da
glauben, daß die wirkende Seele weder ohne Kör=
per, noch der Körper selbst sey. Denn sie ist
nicht der Körper, wohl aber Etwas, das dem
Körper beiwohnt. Daher ist sie auch in dem Kör=
per

___

* Daher ist die Form von der Materie wohl zu
unterscheiden. Eine bestimmte Form z. B. die
Denkformen können nicht jedem Körper bei=
wohnen, sondern nur jenem, der für sie em=
pfänglich ist. Weil aber diese Verbindung in=
nig und sehr enge ist, so scheint es, als ob
die Formen in und mit dem Körper existirten.

per, und zwar in einem solchen Körper, (der für
sie empfänglich ist, nemlich, in einem organi=
schen Körper.),

Nicht aber, wie man sonst, (Pythagoras
nemlich,) glaubte; daß sie sich einem (jedem)
Körper, ohn weiter zu bestimmen, wem und
welchem, akkomodire. Da man doch ersieht, daß
nicht. jeder, auf eine Gerathe wohl, für jedes Ohn-
gefähr empfänglich ist. So aber, (wenn der
Körper empfänglich ist,) geschieht es nach vernünftigen Gründen. Indem es in der Natur schon
so eingerichtet ist, daß die endlich vollendende Form
einer Sache, in demjenigem bloß seyn kann, was
ihr Vermögen in sich enthält (was für sie em=
pfänglich ist;) mithin in ihrer eigenen Materie,
(weil die Materie das Vermögen der Form in
sich enthält.)

Daß also die Seele eine endlich vollendende
Form, und der Grund desjenigen sey, was das
Vermögen besitzt, so zu seyn, wie es wirklich ist,
erhellt aus allen den Vorhergehenden.

Drit=

Drittes Hauptstück.

Von den Vermögen der Seele.

Von den angemerkten Vermögen der Seele sind in einigen (Geschöpfen) alle; wie wir auch schon oben, (im vorhergehenden Hauptstücke,) andeuteten; in einigen nur einige; in anderen nur ein einziges. Diese angedeuteten Vermögen sind folgende: das Vermögen sich zu ernähren, das Empfindungsvermögen, das Begehrungsvermögen, das Vermögen sich aus seinem Orte zu bewegen, das Erkenntnißvermögen. —

Die Pflanzen haben nur das einzige Vermögen sich zu ernähren. Die übrigen (lebenden) Geschöpfe aber, haben nebst diesem, auch noch das Vermögen zu empfinden; mithin auch das Begehrungsvermögen. Denn dieses begreift die Begierde und den Zorn, und den Willen in sich. Nun haben aber alle Thiere zum wenigsten Eins von den sinnlichen Werkzeugen; das Gefühl nemlich. (Folglich haben sie durchaus Empfindung.) Wesen, denen Empfindung zukommt, kommt auch Vergnügen und Schmerz, Gefühl für das Angenehme, und für das Unangenehme zu; und denen diese Empfindungen beywohnen, denen wohnt auch die Begierde, (die Lust nach Etwas,) bey; welche ein Verlangen nach dem ist, was uns angenehm scheint.

Ueber-

Uiberdieß haben sie, (alle Thiere,) den
Sinn für Nahrung; denn das Gefühl ist der Sinn
für Nahrung; weil alle Thiere durch trockene und
feuchte, warme und kalte Nahrungsmittel ernährt
werden, deren Empfindung nur dem Gefühle zukommt. Das Uibrige (was man sonst noch empfinden kann; die übrigen Sinne) sind (bey der
Ernährung) nur etwas zufälliges; indem weder
der Schall, weder die Farbe, noch der Geruch;
Etwas zur Nahrung, (als Nahrung, in so fern
Etwas die abgenützten und ermatteten Theile
des Körpers wieder erseßen und beleben kann,)
beytragen kann. Der Geschmack aber gehört unter dasjenige, welches wir durch das Gefühl empfinden. Hunger und Durst aber sind (heftige)
Begierden; und zwar der Hunger nach warmen
und trockenen; der Durst aber nach feuchten und
kalten Lebensmitteln; der Geschmack aber ist gleichsam die Würze derselben. * Uiber dieses wird
unten, (im 10ten Hauptstücke) — eine weitere
Erklärung folgen. Ißt soll nur, in so fern davon
gesprochen seyn, als es nothwendig ist, um zu zeigen, daß diejenigen Thiere, die ein Gefühl haben,
auch ein Verlangen, (ein Begehrungsvermögen,)
haben. In Ansehung der Einbildungskraft aber,
ist die Sache schon nicht so offenbar, (ob sie nemlich

---

* Folglich ist das Gefühl ein Hauptsinn der Thiere, denen, eben dieses Sinnes wegen, ein
Verlangen nach dem Angenehmen, und ein Abscheu vor dem Unangenehmen, mithin ein Begehrungsvermögen beiwohnt.

lich auch mit dem Gefühle, und den übrigen
Sinnen, in so genauer Verwandtschaft ist, als
das Begehrungsvermögen.) Doch hierüber wollen wir nachher unsere Betrachtungen anstellen.

Einigen anderen wohnt noch, nebst diesen,
das Vermögen, sich von einem Orte zum andern
zu bewegen bey. * Anderen aber (nebst obigen)
das Erkenntnißvermögen (διανοητικον τι και νους)
** wie den Menschen, und, wenn es etwa noch
andere, ihnen ähnliche, oder wohl gar vollkommenere Geschöpfe giebt. Es ist also klar, daß die
Seele, (überhaupt genommen,) auf gleiche
Weise, eine einzige, gemeinschaftliche Definition
zulasse, als eine Figur, (überhaupt genommen.)
— Denn es ist keine Figur, außer dem Triangel und denen, aus ihm, konstruirten Figuren;
noch giebt es eine Seele, außer der itzt genannten, (alle einzelne Seelen oder Vermögen fließen aus der oben angesetzten gemeinschaftlichen.)
— Daher kann es für die Figuren eine gemeinschaftliche Definition geben, die auf alle Figuren accomodirt werden kann, ohne daß sie einer
einzigen Figur ganz eigentlich, und allein zukommt;

G   und

---

* Sie haben also, nebst den Vermögen sich zu ernähren, zu empfinden und zu begehren, noch
das Vermögen sich vom ihrem Orte wegzubewegen.

** Ich glaube, daß das „Erkenntnißvermögen„
den Sinn dieser Worte am besten ausdrückt.

und auf gleiche Weise geschieht es auch in den itzt benannten Seelen. *

Daher ist es lächerlich, diese Definition, (der besonderen Vermögen nemlich,) zu vernachläſſigen, und entweder in dieſen, (der Seelen und Figuren:) oder in anderen Dingen, eine gemeinschaftliche Definition zu ſuchen; welche keinem Dinge einzig und eigen zukäme, noch nach der einzelnen und individuellen Art beſtimmt wäre. (Denn, ſowohl die gemeinſchaftliche, als besondere Definition der Seele muß aufgeſucht werden, wenn wir ſonſt richtig und zweckmäſſig zu Werke gehen wollen.) — Sonſt aber gilt alles von der Seele, (ihrer Definition nemlich überhaupt,) was von den Figuren, (ihrer Definition überhaupt) gilt. Denn es iſt, ſowohl in Figuren, als lebendigen Geschöpfen, das Vorhergehende in demjenigen, was auf das Erſtere (regelmäßig) folgt, jederzeit, als Bedingung, enthalten; ſo iſt z. B. im Quadrat ſchon das Dreyeck, und im Empfindungsvermögen, das Vermögen ſich zu ernähren enthalten. Daher muß man besonders fragen, was die Seele im jedem einzelnen Weſen ſey; was alſo z. B. die Seele einer Pflanze,

---

* Auf gleiche Weiſe kann man eine allgemeine Definition für die Seele angeben, die auf alle einzelne angewendet werden kann; ohngeachtet ſie nicht einer jedem ganz eigen und vorzüglich zukömmt.

ze, die Seele eines Menschen, die Seele eines wilden Thieres sey. *

Warum sich die Sache so verhalte, werden wir nachher untersuchen. (Indessen wollen wir die Ordnung der beseelten Geschöpfe betrachten.) Das Empfindungsvermögen kann nicht, ohne dem Vermögen sich zu ernähren statt finden; in den Pflanzen aber ist dieses vom jenen getrennt. Auch kann keiner von den übrigen Sinnen ohne Gefühl statt haben. (Das Geschöpf mit Empfindung muß vor allem anderen Gefühl haben.) — Das Gefühl aber kann ohne alle übrige bestehen. Denn es giebt viele Thiere, welche weder den Sinn des Gesichtes, noch den Sinn des Gehörs, noch den Sinn des Geruchs haben. Einige von denjenigen, die ein Empfindungsvermögen haben, haben auch das Vermögen, sich (willführlich,) von ihrem Orte fortzubewegen, andere wieder nicht. Die höchsten, aber auch die wenigsten, sind diejenigen,

G 2   die

---

* Aristoteles hat hier nicht auf ein gerathe wohl, die Definition der Seele, mit der Definition mathematischer Figuren verglichen. Denn, so wie jedesmal in der Mathematik das Vorhergehende im Folgenden, als Bedingung, enthalten ist, also enthält das Erkenntnißvermögen, das Vermögen zu empfinden, sich zu ernähren, und alle Vorhergehende in sich. Daher ist es nothwendig, erstlich die Seele zu wissen, von der geredet wird, damit man wisse, was sie für vorhergehende Vermögen, als Bedingungen in sich enthalte.

die Vernunft und Verstand, (ein Erkenntnißvermögen,) haben. Welche aus den Sterblichen dieß Vermögen haben, diese haben auch
schon zugleich alle übrige vorhergehende Vermögen. — Allein, wenn sie auch ein jedes der bekannten Vermögen in sich enthalten, so besitzen
dennoch nicht gerade alle die Vernunft. — Denn
einige haben gar keine Einbildungskraft (welche
den Funktionen des Verstandes und der Vernunft vorhergeht;) andere haben einzig die Einbildungskraft; (und erheben sich also nie bis zur
Vernunft; folglich haben beyde keine Vernunft.)
— Mit der spekulativen Vernunft aber hat es ein
ganz anderes Bewenden. Nach diesem ergiebt
sich, daß die Definition von allen diesen einzelnen
Vermögen, zunächst und ganz eigentlich die Definition der Seele bestimme.

Vier=

Viertes Hauptstück.

Von der Nahrung, (Von dem Vermögen sich zu ernähren.)

Für denjenigen, der über dieselben (die verschie=
denen Vermögen der Seele, nemlich,) seine Be=
trachtung anhebt, ist es nothwendig, erstlich zu
bestimmen, was jedes Vermögen einzeln ist; und
sodann erst auf andere, ihnen sonst noch abhärirend=
de Eigenschaften, acht zu haben. Wenn nun aber
einzeln angegeben werden soll, was ein jedes Ver=
mögen, mithin, was das Erkenntniß = Empfin=
dungs=und Ernährungsvermögen sind, so muß wohl
erstlich bestimmt werden, was denken und empfin=
den heiße. Denn der Definition nach, (historisch
genommen,) sind die Wirkungen und Handlun=
gen immer eher, als ihre Vermögen, (als
die Definition ihrer Vermögen) Wenn dem
so ist, so werden wir wohl auch noch eher,
noch vor diesen Handlungin, (über die Objekte,
jener Vermögen,) unsere Betrachtung anstellen
müssen. Daher werden wir eben aus diesem Grun=
de, erstlich diese, die Nahrung, das Empfindba=
re und das Erkennbare bestimmen müssen. *

Da-

---

* Philosophisch genommen geht jedesmal das Ver=
mögen Etwas zu wirken, der Wirkung voran;
daß also das Vermögen zu erkennen, zu emp=
finden und sich zu ernähren, jedesmal der Er=
kenn=

Daher werden wir erſtlich von der Nahrung und der Erzeugung handeln müſſen. Denn
die ernährende Seele wird bey allen übrigen vor-
ausgeſetzt, und iſt das erſte und gemeinſchaftlichſte
Vermögen der Seele. Weil alles durch ſie das
Leben genießt. Ihre Geſchäfte beſtehen in der
Erzeugung und in dem Gebrauche der Nahrung.
Keine, von allen Funktionen der Seele iſt den lebendigen Geſchöpfen, wenn ſie nur ſonſt ausge-
wachſen, (vollendet,) nicht verſtümmelt, (nicht
unvermögend,) ſind, oder ihre Exiſtenz nicht etwa
einem Zufalle, (mithin keinem Saamen,) zu
verdanken haben, ſo ſehr natürlich, als etwas
Anderes, ſich Aehnliches, zu erzeugen; * ſo erzeugt

---

kenntniß, der Empfindung und der Ernährung
vorangeht; allein hiſtoriſch genommen folgt erſt
die Definition auf die Wirkungen des Vermögens. Wir Menſchen haben erſt dann beſtimmt
unſere Vermögen kennen gelernt; nachdem wir
ſie erſt durch Jahrhunderte in ihrer Thätigkeit
ſahen. Dieß lehrt die Geſchichte der Menſch-
heit überhaupt, und der Philoſophie insbeſon-
dere.

* Die Griechen waren in Anſehung dieſes Punktes
weit natürlicher, als wir, indem uns der An-
ſtand nicht erlaubt, ſo geradehin die Sache mit
ihren Worten zu bezeichnen. So ſagt z. B.
hier Ariſtoteles: daß uns nichts natürlicher
ſey, als, unter angezeigten Umſtänden, ſeines
Gleichen zu machen. Solche Beiſpiele findet
man häufig von unſerem Wieland, in ſeinen,
ſchön überſetzten Lucian, angemerkt.

zeugt ein Thier wieder ein Thier, eine Pflanze, wieder eine Pflanze. Damit sie immer währten, und, so viel an ihnen ist, gleichsam an etwas Göttlichen Theil hätten. Denn das Verlangen aller geht dahin, (sich fortzupflanzen;) und dieserwegen thun sie auch alles, so oft sie nemlich ihrer Natur gemäß handeln. *

Uibrigens ist dasjenige, weswegen sie sich ernähren und fortpflanzen zweyerley Das Eine ist dasjenige, was anverlangt wird, (die Fortpflanzung.) Das Andere aber, wozu es anverlangt wird; (die ewige Dauer der Geschöpfe) — Da es nun aber nicht möglich ist, durch Fortdauer immer fortzuwähren, und dieses göttlichen Werks theilhaftig zu werden; indem es nicht seyn kann, daß Etwas Sterbliches immer dasselbe verbleibe, so ist es dennoch, so gut es kann, (so weit es seine Kräfte erlauben,) jener Vorzüge theilhaftig. Eins nemlich mehr, das andere weniger. Daher subsistirt nicht ein und ebendasselbe; wohl aber Etwas, das demselben gleich ist, (ohne es selbst zu seyn.) Es subsistirt nicht als Eins und ebendasselbe der Zahl nach; wohl aber als Eins der Art nach. **

Nun

---

* Ihre Natur treibt sie an, sich zu vermehren. Denn alles, wenn nemlich die gehörigen Voraussetzungen da sind, geht dahin. Sie währen auf diese Weise ewig, und werden den Göttern dadurch ähnlich.

** Diese immerwährende Dauer geschieht durch die Fortpflanzung; hier bleibt zwar nicht ein und

Nun iſt aber die Seele die Urſache und das Prinzip des Lebens in einem Körper; und da Etwas auf mehrerley Art Urſache ſeyn kann, ſo kann die Seele auf gleiche Weiſe (in mehrerley Bedeutung, und zwar) auf dreyerley beſtimmte Art die Urſache des Lebens ſeyn. Denn die Seele iſt dasjenige, durch welches die Bewegung bewirkt wird, (die wirkende Urſache;) ſie iſt dasjenige, weswegen Bewegung da iſt; (die abgezweckte Urſache;) und ſie iſt die Weſenheit der belebten Geſchöpfe; (die formale Urſache.)

Daß ſie die Weſenheit, (die formale Urſache lebender Geſchöpfe,) ſey, iſt offenbar. Denn ſie iſt das Weſen aller Dinge, weil ſie macht, daß ſie exiſtiren. Das Leben in lebendigen Geſchöpfen macht, daß ſie exiſtiren; und vom dieſem iſt die Seele das Prinzip und die (formale,) Urſache. (Folglich iſt die Seele das Weſen der lebendigen Geſchöpfe.) Uiberdieß iſt die Beſtimmung deſſen, was dem Vermögen nach exiſtirt, die endlich vollendende Form. (Folglich iſt die Seele die formale Urſache des Lebens.) Es iſt
auch

ebendaſſelbe Geſchöpfe, als ein ſolches; es bleibt aber durch die Fortpflanzung in ſeinen Nachkömmlingen; die Pflanzen in ihren Saamen, und die Thiere durch ihren Saamen in ihren Nachkömmlingen; mithin nicht der Zahl, wohl aber der Art nach. Daher iſt der Saamen der Thiere und Pflanzen, gleichſam das Werkzeug, durch welches ſie ſich für eine ewige Dauer erhalten.

auch klar, daß die Seele auch zugleich das sey,
weswegen der Körper lebt; (die abgezweckte
Ursache.) So wie der Verstand immer eines gewißen Etwasses wegen handelt; also handelt auch
die Natur, und dieses Etwas ist ihr Zweck. Welcher, in den lebenden Geschöpfen, ihrer eigenen
Natur nach, die Seele ist. * Denn alle natürliche Körper, sowohl der Thiere, als der Pflanzen sind Werkzeuge der Seele; daher existiren sie
der Seele wegen. Dasjenige aber, weswegen
Etwas geschieht, kann auf zweyerley Art betrachtet werden; als Etwas, welches anverlangt wird,
(abgezweckter Gegenstand) und als Etwas,
dem zu Liebe Etwas geschieht; (Absicht.)

Die Seele ist aber auch dasjenige, was die
Bewegung von einem Orte zum anderen ursprünglich bewirkt; welches Vermögen aber nicht allen
lebendigen Geschöpfen zukömmt. — Die Veränderung (im Körper) aber und das Wachsthum
werden von der Seele bewirkt.** Denn selbst die

Emp-

---

* Der Körper lebt, in so fern er eine Seele hat;
zugleich ist er aber der Seele untergeordnet.
Er ist das Instrument der Seele. Nun handelt aber die Seele bloß ihrem Vermögen, ihrem Gesetze gemäß; mithin der Erfüllung ihrer Gesetze wegen. Folglich sind ihre Gesetze
der Zweck ihrer Handlungen. Daher ergiebt sich:
daß die Seele auch eine abgezweckte Ursache
des Lebens sey. Weil sie lebt, um ihre Gesetze zu erfüllen.

** In der Bedeutung nemlich, in welcher Aristoteles von der Seele spricht. Denn er redet
hier von der ernährenden Seele der Pflanzen.

Empfindung scheint eine gewiße Veränderung (im Körper) zu seyn, Nichts aber scheint zu empfinden, was nicht eine Seele hat. Auf gleiche Weise verhält es sich mit dem Wachsthum und dem Absterben. Denn nichts kann natürlich absterben oder wachsen, außer es nährt sich und nichts kann sich ernähren, was nicht des Lebens theilhaftig wäre. *

Die Meynung des Empedocles, der da annahm, daß die Pflanzen ihr Wachsthum von unten durch die Wurzeln (und von oben durch die Aeste,) deswegen bewirkten; weil die Erde, (oder vielmehr die erdichten Theile,) ihrer Natur nach unterwärts sänken, des Feuers (der Feuertheilchen) wegen aber, aufwärts stiegen, ist nicht richtig. Denn er hat das Oben und Unten unrichtig angenommen; weil nicht alle Gegenstände, und selbst nicht das Weltall, immer, das nemliche Oben und Unten haben. So verhält sich der Kopf bey Thieren, wie die Wurzeln bey Pflanzen; wenn man die Einheit oder Verschiedenheit der Werkzeuge nach ihren Verrichtungen bestimmen will. **

Wo

---

* Folglich ist die Seele auch die wirkende Ursache des Lebens, weil sie das Leben selbst ausmacht, und Bewegung und Veränderung d. i. Thätigkeit bewirkt.
** Nach der Meinung des Empedocles müßte überall das Gleichartige oben und unten seyn, was doch nicht Statt findet; da der Kopf der Thiere, durch den sie die Nahrung zu sich nehmen
men

Wo iſt überdieß dasjenige, welches Feuer und Erde, die in entgegengeſetzte Richtungen zergehen, zuſammenhält? — ſie werden zerſtreut werden, wenn nicht Etwas da iſt, was ihre Zerſtreuung verhindert. — Und wenn es Etwas giebt, ſo iſt es gewiß die Seele, die Urſache nemlich, warum Etwas wächſt und ernährt wird.

Einige glauben, daß die Natur des Feuers die Urſache des Ernährens und Wachſens ſey; (wie Democritus und Leucippus dachten.) Denn das Feuer ſcheint das Einzige unter den Körpern, und auch unter den Elementen zu ſeyn, was genährt werden und wachſen kann. Daher könnte jemand glauben, daß daſſelbe ſowohl in Pflanzen, als Thieren dasjenige, (die Ernährung und das Wachsthum,) wirkende Weſen wäre. Es iſt zwar freylich auf eine gewiße Art eine Miturſache, keineswegs aber die (wirkende, wirkliche,) Urſache. Die Seele iſt vielmehr dieſelbe. Das Feuer wächſt, ſo lange brennbare Materie da iſt; die natürlichen Gegenſtände aber (deren Natur zuſammengeſetzt iſt,) haben (gewiße) Gränzen und Beſtimmungen ihrer Größe und ihres Wachsthums.

---

men oben, und die Wurzeln bei Pflanzen, die das Nemliche verrichten, unten zu finden ſind. Daher kommt es bei Verſchiedenheit der Werkzeuge nicht auf oben und unten an; wohl aber auf die Verſchiedenheit ihrer Operationen, die einen eben ſo verſchiedenen Bau vorausſetzen.

thums. * Dieſes (Beförderu des Ernährens und Wachſens,) kommt mehr der Seele, als dem Feuer; mehr der Form als der Materie zu. **

Da das Vermögen ſich zu ernähren, und das Vermögen ſich fortzupflanzen, das Nemliche ſind, ſo iſt es nothwendig, erſtlich von der Nahrung zu handeln. Denn ſie wird ſchon durch dieſes ihr Geſchäfte von allen übrigen Vermögen der Seele unterſchieden.

Die Nahrung aber ſcheint, (in Anſehung des Körpers,) dem Körper entgegengeſetzt zu ſeyn. ***Es iſt aber nicht ein jedes Entgegengeſetzte hier zu verſtehen, ſondern nur diejenigen entgegengeſetzten Gegenſtände, welche nicht nur aus ſich gegenſeitig erzeugt, ſondern auch vergrößert werden. Denn viele Dinge entſtehen zwar gegenſeitig aus
ſich

---

* Wenn alſo das Feuer die Urſache wäre, ſo müßten die natürlichen Gegenſtände ſo lange wachſen, als ſie Nahrung erhalten, welches wider die Erfahrung iſt.

** Weil ſchon die feinſte Materie zu dieſem Geſchäfte unfähig iſt. Daher iſt die Seele, als Form, nicht aber als Materie die Urſache des Ernährens.

*** Denn, da die Nahrungsmittel erſt durch die Verdauung den Körper nähren können, ſo können ſie noch nicht das ſeyn, was der Körper iſt. Mithin ſind ſie mit dem Körper nicht einerlei, und ihm, in ſo fern ſie erſt einer Verarbeitung bedürfen, die der Körper ſchon hat, entgegengeſetzt.

ſich ſelbſt, vergrößern ſich aber nicht zugleich; wie
z. B. aus einem Kranken ein Geſunder wird. *
Ja es ſcheinen nicht einmal jene Gegenſtände,
(dasjenige, was nährt, und dasjenige, was
ernährt wird,) auf gleiche Weiſe gegenſeitige
Nahrung zu ſeyn. Weil zwar ein Waſſer (Et⸗
was fließiges, uneigentlich genommen,) eine
Nahrung fürs Feuer iſt, ohne daß das Feuer die
Nahrung des Waſſers iſt. ** In einfachen Kör⸗
pern ſcheint dieſes am meiſten zuzutreffen; daß
dieſes zwar ein Nahrungsmittel, jenes aber
bloß dasjenige iſt, was ernährt wird. ***

Jn⸗

---

* Es wird alſo hier die Entgegenſetzung der Spei⸗
ſen und des Körpers deutlicher entwickelt. Denn
hier nennt man nur das entgegengeſetzt, was
nebſt der Verwandlung auch Vergröſſerung be⸗
wirkt. So wird zwar aus einem Kranken ein
Geſunder. Allein es geht hier nur eine Ver⸗
änderung vor, aber keine Vergröſerung; die
Nahrungsmittel aber bewirken nebſt der Ver⸗
änderung noch das Wachsthum des Körpers.

** Denn das Waſſer iſt erſtlich dem Feuer entge⸗
gengeſetzt, wird aber durch das Feuer in einen
dämpfenden Rauch, wie das Feuer, verwan⸗
delt, iſt alſo in ſo ferne, gleichſam ex poſt ei⸗
ne Nahrung des Feuers. — Auf die nemliche
Art ſpricht Hypokrates, im Buche von der Na⸗
tur des Jünglings „παν το θερμον τω ψυχρω
τρεφεται μητρω,., alle Wärme wird durch ei⸗
ne mäßige Kälte ernähret.

*** Weil, wie wir ſahen, Etwas ernährt wird,
ohne ſelbſt wieder gegenſeitig zu nähren. Ari⸗
ſtote⸗

Indessen entsteht hier ein Zweifel. Denn einige sagen: daß Aehnliches vom Aehnlichen eben so ernährt, als vermehrt werde. Einigen aber, wie wir schon anmerkten, gefällt das Gegentheil: daß sich das Entgegengesetzte mit dem Entgegengesetztem ernähre; weil das Aehnliche, vom Aehnlichen nichts leiden könne; die Nahrung aber verwandelt und verkocht würde; jede Verwandlung aber entweder ins Gegentheil, oder in Etwas, was zwischen beyden liegt verändert würde. (Mithin ein Leiden unterwalte.) Uiberdieß leidet die Nahrung von dem, was ernährt wird, (indem sie der Körper digerirt und verdaut,) keineswegs aber dieses vom jenem. So wie der Werkmeister nichts von der Materie, diese aber von ihm leidet; indem er bloß dadurch eine Veränderung leidet, daß er von der Ruhe zum Geschäfte übergehet.

Es ist aber ein wichtiger Unterschied ob die Nahrung so betrachtet wird, wie sie zuletzt den Körper nährt, oder wie sie gleich anfangs ist; (ob sie unverdaut und roh, außer dem Körper,

oder

---

stoteles will dadurch noch eine Eigenschaft der Nahrung angeben; indem er behauptet: daß zwar die Nahrung verändert werde, und einen Zuwachs bewirke, keineswegs aber auf eine solche Art, daß der ernährte Körper wieder gegenseitig eine Nahrung abgebe; und dadurch eine gegenseitige Verwandlung erleide; sondern daß der Körper bloß dasjenige ist, was ernährt wird, die Nahrungsmittel aber denselben ernähren.

oder schon verdaut und verkocht in dem Körper betrachtet wird.) Da nun beyde Nahrungsmittel sind, das eine, als roh, das andere, als verkocht, so kann man beyde (kurz vorher angeführte entgegengesetzte,) Meynungen gelten lassen. Denn betrachten wir die Nahrung als roh, (und unverdaut,) so wird das Entgegengesetzte von dem Entgegengesetzten ernährt; betrachten wir sie aber als verkocht, (und verdaut,) so wird Aehnliches vom Aehnlichen ernährt. Daraus ersieht man, daß sie beyde zum Theil richtig, zum Theil unrichtig raisonirten. *

Da nichts ernährt werden kann, außer es ist des Lebens theilhaftig, so ist jedes ernährte Wesen e'n beseelter Körper, und zwar in so fern er beseelt ist. Daher kommt die Ernährung einem beseelten Wesen zu, in so fern es beseelt ist, und zwar (wesentlich,) nicht aber als ein Accidenz, (außerwesentlich.)

Das Wesen des Ernährens und Vergrößerns ist von einander unterschieden. In so fern ein belebtes Wesen ein Quantum ist, hat es das Vermögen sich zu vergrößern (zu wachsen;) in so fern es aber ein Etwas, eine Substanz ist, muß es ernährt werden. Denn die Nahrung erhält die Substanz, welche so lange existirt, als sie ernährt wird.

---

* Je nachdem sie die Nahrung entweder als roh oder verkocht annahmen.

wird. Auch bewirkt sie die Erzeugung, nicht desjenigen Körpers, welcher ernährt wird, sondern
eines solchen, wie der ernährte Körper selbst ist.
Denn die Substanz existirt schon, und Nichts
kann sich selbst hervorbringen, wohl aber selbst erhalten. *

Daher ist ein solches Princip der Seele dasjenige Vermögen, welches fähig ist, den Körper,
in so fern er die Seele in sich enthält und ein solcher ist, zu erhalten. Die Nahrung aber macht
ihn zu seinen Handlungen fähig, daher kann er
ohnmöglich ohne Nahrung existiren.

Es giebt drey Dinge, (die in Ansehung des
ganzen Ernährungsgeschäftes unsere Aufmerksamkeit verdienen,) dasjenige, was ernährt wird;
dasjenige, womit es ernährt wird; und dasjenige,
was ernährt. Was ernährt, ist die erste (nie-
drigste,) Seele (Vermögen der Seele.) Was
ernährt wird ist der Körper, der diese Seele in
sich enthält. Und dasjenige, womit ernährt wird,
ist die Nahrung selbst.

Weil

---

* Aristoteles giebt hier drei Hauptvermö-
gen der ernährenden Seele an; das vegetati-
ve oder eigentlich ernährende ($\Theta\varrho\varepsilon\pi\tau\iota\kappa\eta$; das
augmentative oder vermehrende und Wachs-
thum befördernde ($\alpha\upsilon\xi\eta\tau\iota\kappa\eta$) das generative
oder erzeugende, ($\gamma\varepsilon\nu\iota\tau\iota\kappa\eta$) Ihre Bestimmung
ist hier vom Aristoteles fest gesetzt. Ihre Be-
schäftigungen bestehen also in der Ernährung,
Vermehrung und Erzeugung.

Weil es billig ist, alle Dinge von ihrem
Zwecke zu benennen; der Zweck aber (der Er=
nährung,) die Erzeugung von seines Gleichen ist;
so ist diese erste (ernährende) Seele, das Ver=
mögen seines Gleichen zu erzeugen. *

Die Nahrung aber ist zweyfach; so wie das=
jenige, womit der Schiffsmann sein Schiff regiert,
nemlich die Hand und das Steuerruder; wovon
das Eine, (die erstere,) bewegt, und das An=
dere bewegt wird. Er aber ist der eigentlich Be=
wegende. **

Nun ist es aber nothwendig, daß eine jede
Nahrung verdaut werden könne, welches die Wär=
me bewirkt. Folglich muß jedes belebte Wesen
Wärme in sich enthalten.

Es ist nun zwar von der Nahrung gespro=
chen worden, aber nur gleichsam von einem rohen,

H   (noch

---

* Man sieht, daß Aristoteles, dieser große Welt=
weise, die Sache von allen Seiten betrachtet;
denn, obschon man den Endzweck in die Defi=
nition nicht einflechten soll, so ist es doch merk=
würdig, auch die Sache in Ansehung ihres
Zweckes zu betrachten.

** Bei der Ernährung bewegt sich der Körper und
die Nahrung wird bewegt. Daher kann die
Ernährung entweder in Ansehung des Körpers,
welcher die Nahrung verdaut, oder in Anse=
hung der Nahrung, die verdaut wird, betrach=
tet

(noch nicht genugsam bestimmten) Gegenstande,
wir werden daher weiter unten, in einer, für sie,
eigends bestimmten Betrachtung, ausführlicher unsere Untersuchung anstellen. *

Fünftes Hauptstück.

Von dem Empfindungsvermögen.

Nachdem wir nun dieses, (in Ansehung der
Nahrung, im vorigen Hauptstücke) bestimmt
haben, so wollen wir von aller Empfindung überhaupt sprechen. ** Jede Empfindung geschieht
dadurch, daß Etwas (das Empfindende,) bewegt

- — tet werden. Aber nebst diesen ist noch Etwas,
  das alleinig bewegt, nemlich die ernährende
  Seele; oder, wie im Beispiele der Schiffsmann.

- * Aristoteles scheint hier auf ein eigenes Werkchen Hofnung zu machen. Ob er es geliefert
  habe oder nicht, können wir nicht wissen; weil
  es unter seinen hinterlassenen Werken nicht zu
  finden ist. Es kann wohl aber auch seyn, daß
  er das Werkchen dabei verstand, das von der
  Erzeugung der Thiere handelt.

- ** So wollen wir zur 2ten Seele, der empfindenden nemlich, übergehen.

wegt wird und leidet. * Denn sie scheint, wie
schon oben gesagt wurde, eine Veränderung (im
empfindenden Subjekte,) zu seyn. Einige aber
behaupten, daß auch das Aehnliche vom Aehnlichen leide. Allein, in wie weit dieß möglich oder
nicht möglich sey, haben wir, als wir über Wirken und Leiden überhaupt sprachen, abgehandelt. **

Hier wird aber der Zweifel rege; warum
die Sinne sich nicht selbst empfinden? — und
warum man nicht, ohne von außen her, afficirt
zu seyn, empfinde? — da doch in ihnen Feuer
und Erde, und andere Elemente anzutreffen sind,
denen ohnehin schon an und für sich oder durch ihre
Accidenzien Empfindung zukömmt. — Allein, eben
daher wird nun offenbar, daß das Empfindungsvermögen keine wirkliche Handlung; aber wohl ein
(leidendes Vermögen sey,) ein Vermögen nemlich, durch ein Afficirtwerden von Außen zu Vorstellungen zu gelangen. *** Daher empfindet es
h 2. eben

---

* Indem das empfindende Subjekt von außen her
  afficirt wird.

** Das Aehnliche kann nicht vom Aehnlichen leiden; wohl aber vom Unähnlichen. Jedoch ist
  hier zu merken, daß man wohl acht haben müsse, ob man Etwas als noch außer dem Vermögen, oder als schon im Vermögen betrachtet; im ersten Falle ist es Unähnlich, im letzten Aehnlich. Wie wir noch unten hören werden.

*** Das sich folglich gegen äußere Eindrücke leidend
  verhält. Das Empfinden ist die Handlung des
  Empfindungsvermögens.

eben so wenig sich selbst, als das Brennbare von und durch sich selbst verbrennt; ohne von Etwas, was die Kraft, die Feuermaterie zu entbinden, in sich enthält, angezündet zu seyn. Denn sonst würde es von sich selbst verbrennen, ohne eines wirklichen Feuers, (einer Feuer erregenden Kraft,) zu bedörfen. *

Weil man nun aber das Empfinden, (Affizirt werden von Außen,) in zweyerley Rücksicht also benennt; (als Vermögen und als wirkliche Handlung;) so wie man das Vermögen zu hören und zu sehen, das Gehör und das Gesicht nennt; obschon es, (oder vielmehr der Körper, in dem es anzutreffen ist,) vielleicht so eben schläft, (und mithin wirklich weder sieht noch hört;) Die wirkliche Handlung aber (des Sehens und Hörens) gleichfalls also (Gesicht und Gehör) nennt; so wird auch die Sinnlichkeit in zweyerley Rücksicht also benennt; als das Vermögen nemlich (zu empfinden;) und als wirkliche Handlung; (als wirkliches Empfinden;) Auf gleiche Weise ist nun auch das Empfinden sowohl das Vermögen

(anzu=

---

* Wir wissen zwar, daß wir Empfinden; daß wir also ein Empfindungsvermögen haben. Aber wir können das letztere nicht empfinden, weil es ein bloßes Vermögen ist. Wir können uns bloß desselben bewußt seyn.

(anzuschauen;) als die wirkliche Handlung selbst (das wirkliche Anschauen selbst.) *

Wir redeten hier nur erstlich so, als ob die Worte: Leiden: Bewegtwerden und Einwirken einerley wären; (nur eine Bedeutnng hätten.) — Allein die Bewegung ist eine gewiße Thätigkeit, eine unvollendete nemlich, wie wir schon anderwärts sagten, (im 3ten Buche der Physik.) — Alles Leiden und Bewegtwerden aber kommt von Etwas her, was die wirkende Kraft in sich enthält, und wirklich existirt. — Daher kömmt das Leiden theils vom Aehnlichen, theils vom Unähnlichen her; wie wir schon oben (von der Ernährung, auf ähnliche Art,) sagten. Das Unterschiedene (Unähnliche) bewirkt das Leiden. Und sobald einmal dieses vorüber ist, so ist jenes (Unähnliche durch die Verarbeitung des Empfindungsvermögens,) etwas Aehnliches geworden. **

Man

---

* Denn das Anschauungsvermögen ist das Vermögen, durch das Afficirt werden zu Vorstellung zu gelangen. Die Anschauung ist eine durch das Affizirtwerden erlangte Vorstellung. Geschieht das Afficirt werden von Innen, so ist die Anschauung eine innere. Geschieht es durch Eindrücke von Außen; so ist sie eine äußere. Die Sinnlichkeit begreift beide in sich.

** Wenn der empfindbare Gegenstand, als außer dem Subjekte existirend und vor der Einwirkung betrachtet wird, so ist er etwas Unterschie
denes

Man muß allerdings das Vermögen von der
Thätigkeit desselben unterscheiden. Itzt sprechen
wir bloß überhaupt davon. Es kann Jemand auf
eine solche Art verständig seyn, daß wir ihn einen
Vernünftigen nennen; weil er als Mensch in der
Zahl derjenigen ist, welche wissen und Kenntniße
haben können, (welche, dem Vermögen nach,
das Erkenntnißvermögen haben,) Eben so nennen wir auch denjenigen vernünftig, welcher (wirklich) Wissenschaften versteht. * Allein beyde sind
nicht (ihrem Vermögen nach,) auf die nemliche
Art vernünftig. — Jener ist es in Ansehung der
Gattung (zu der er als Mensch gehört,) und in
Ansehung der Materie, (des Körpers, welcher
einer solchen Form, eines solchen Vermögens
fähig ist.) Dieser aber, weil er über seine Kenntniße nachdenken kann, wenn er will, und wenn
ihn nichts von Außenher daran hindert. Ein anderer aber, der schon wirklich und eigentlich vernünftig ist, speculirt schon über Etwas eo ipso.
Die beyden Vorhergehenden sind, ihrem Vermögen

---

denes, etwas Unähnliches. Ist aber die Einwirkung schon geschehen, ist der Empfangene
Eindruck schon vom Gemüthe verarbeitet, schon
Empfindung; so ist der empfindbare Gegenstand,
die Erscheinung, nicht mehr etwas Unähnliches; sondern vielmehr etwas Aehnliches.

* γραμματικη. Die Alten verstanden unter diesem Worte alle Wissenschaften; so wie sie unter dem Worte Musik alle schöne Künste dachten.

gen nach, vernünftig. Allein der erste leidet durch
den Unterricht Veränderung, und wird sehr oft
durch entgegengesetzte Fertigkeiten verwandelt. *
Der andere aber, welcher Empfindung und Wissenschaft ohne Thätigkeit besitzt, wird auf eine
ganz andere Art in ein thätiges vernünftiges Wesen verwandelt; (durch den Gebrauch der schon
eigenen Kenntniße nemlich.)

Aber auch das Wort „Leiden„ hat nicht eine
ganz einfache Bedeutung. Denn etwas Anderes
ist es, wenn es ein Verderben von widrigen Einwirkungen ist; und etwas Anderes, wenn es vielmehr ein Wohlseyn, des mit einem Vermögen,
(Einwirkungen von Außen zu empfangen,)
begabten Wesens ist. Welches (Wohlseyn) von
dem, was wirklich thätig, und was ihm ähnlich
ist, herkommt; (und wobey sich das Vermögen
eben so zu seinem Wohlseyn verhält,) wie, (umgekehrt,) das Vermögen zu empfinden zu seiner
Thätigkeit. (Welches mithin die Vollkommenheit des Empfindenden befördert.) — Denn
derjenige, der wirklich schon Wissenschaft besitzt,
leidet, wenn er darüber nachdenkt, entweder gar

keine

---

* Das Vermögen des Ersten wird durch Wissenschaften, die er erst erlernt, verändert, welche, als für sich, außer dem Erkenntnißvermögen, eben so gut etwas Entgegengesetztes
sind, als die rohe Nahrung in Ansehung des
Körpers und der empfindbare, äusere Gegenstand in Ansehung seines Vermögens.

keine, (ihm nachtheilige,) Veränderung; denn sein inneres Selbst und dessen Thätigkeit gewinnt dabey an Vollkommenheit; oder man muß eine Veränderung von anderer Art darunter verstehen. *

Daher haben diejenigen unrecht, die da sagen: daß der Weise, indem er nachdenkt, eine Veränderung in sich erleide, (die auf seine Zerstörung abziele;) so wie der Baumeister dadurch, daß er baut, eben keine (ihn zerstörende) Veränderung leidet. Dasjenige also, welches das Vermögen, in wiefern es auf Bildung und Weisheit hinzielt, zur Thätigkeit bringt, sollte billig nicht mehr eine Disciplin** heißen; wohl aber mit einem anderem Namen bezeichnet werden. Dasjenige aber, welches mit dem Vermögen Etwas zu wissen, von dem die Wissenschaft lernt und annimmt, was sie wirklich besitzt und auch das Vermö-

---

* Das Leiden, welches eine Kraftäußerung und bewirkte Thätigkeit der inneren Vermögen ist, geht nicht, als von widrigen Dingen, auf das Verderben los, sondern ist vielmehr eigentlich das Wohlseyn dieses Wesens; weil es mit der Natur desselben in genauester Verbindung steht. Daher ist dieses Leiden, von jenem, das die Zerstörung nach sich zieht, sehr zu unterscheiden.

** διδασκαλιαν, Schulwissenschaft; bei der man Einschränkung und schädlichen Zwang dachte. Welches bei uns Deutschen schon nicht mehr der Fall ist.

mögen hat, sie wieder zu lehren', (mitzutheilen:) muß entweder, als nicht leidend, wie schon an= gezeigt wurde, erklärt werden, oder wir müssen gestehen, daß es zweyerley Arten von Veränder= rungen gebe; eine Verwandlung in zerstörende Verhältniße, (Veränderungen, welche Zerstö= rung nach sich ziehen;) und eine Verwandlung in Fertigkeiten und eigene vollkommenere Natur; (welche also zum Wohle des leidenden Wesens abzielen.)

Die erste Bewegung, (die Bewegung von erster Art, wo nur das schlummernde Vermö= gen zu empfinden gedacht wird,) eines empfin= -denden Wesens, wird von demjenigen hervorge= bracht, was eben dasselbe erzeugt; (zunächst vom Saamen.) Sobald es aber erzeugt ist, so hat es eben sowohl Empfindung (das Vermögen durch ein Afficirtwerden von Außen zu Vorstel= lungen zu gelangen,) als Wissenschaft, (das Vermögen zu denken.) Es wird aber eben so wirklich empfindend genannt, als (wir oben den wirklich und eigentlich Vernünftigen) speculirend nannten. (Wenn nemlich beide Vermögen in wirklicher Thätigkeit sind.)

Indessen ist doch (zwischen beyden, dem Empfinden und Wissen oder Denken,) ein Un= terschied. Weil dasjenige, was das Empfindungs= vermögen in Thätigkeit zu versetzen (zu afficiren) vermag, Etwas Aeußeres ist; wie das Sicht und Hörbare und andere anschaubare Gegenstände.

Wel=

Welches deswegen geschieht, weil die wirkliche Empfindung, (Anschauung,) nur auf einzelne Gegenstände geht. Die Wissenschaft aber, (das Denken,) auf allgemeine; welche (in der Welt nicht existiren, wohl aber) gleichsam in der Seele sind. *

Deswegen steht es in eines jeden Gewalt zu denken, wenn er will. Das Empfinden aber steht nicht in seinem Willen; weil erstlich nothwendig ein empfindbarer Gegenstand da seyn muß. Auf gleiche Weise verhält es sich mit den Kenntnissen sinnlicher (empfindbarer) Gegenstände; und zwar aus der nemlichen Ursache: weil die empfindbaren Gegenstände unter die Zahl der einzelnen und äuferen Gegenstände gehören, (und mithin außer unserer Willkühr stehen.)

Doch hievon lichtvoller zu sprechen wird sich uns in Zukunft eine bessere Gelegenheit darbieten. Bis hieher mag indessen so viel festgesetzt seyn: daß, weil dasjenige, was ein Vermögen hat, nicht in einem einzigem Sinne vermögend genennt wird, sondern, weil man theils sagen könne: dieser Knabe (dessen körperliche Kräfte noch in ihrem Schlum=

---

* Aristoteles denkt hier auf die Categorien oder Denkformen, die jedem Denken vorhergehen und unserem Gemüthe schon im voraus beiwohnen, und auf diejenigen Vorstellungen, die wir vermittelst der Categorien denken.

Schlummer liegen,) hat das Vermögen zu streiten; theils auch: dieser nervigte Kriegsknecht hat
Vermögen dazu; * es sich mit dem Empfindungsvermögen eben so verhalte.   **

Weil man aber kein Wort hat, diesen Unterschied anzudeuten, so hat man gezeigt: daß sie
von einander unterschieden sind, und auf welche
Weise sie sich unterscheiden. Es ist daher nothwendig sich der Worte Leiden, und Verändern,
in eigenen und verschiedenen Bedeutungen, zu bedienen. ***

Das

---

* Daher lehrt hier Aristoteles, daß das Vermögen, wenn es noch schlummert, und unent-
wickelt ist, von dem, das, so oft etwas Af-
fizierendes da ist, in volle Thätigkeit gesetzt
werden kann, wohl zu unterscheiden sey.

** Indem das noch unentwickelte, von dem schon
entwickeltem unterschieden werden muß. So
hat der Embryo schon das Vermögen zu empfinden, aber noch ein unentbundenes, unentwickeltes Vermögen. Der erwachsene Mensch
aber hat auch dies Vermögen, aber schon ent-
bunden und entwickelt; besonders, wenn es in
Thätigkeit ist.

*** Weil Leiden und Veränderung in zweierlei Rück-
sicht bestimmt wurde; erstlich: wenn die Einwirkung vom etwas Entgegengesetztem Zerstörung bewirkt; und zweitens: wenn die Einwirkung mit der Natur des Wesens harmonirt
und auf dessen Wohl abzweckt.

Das Empfindungsvermögen ist dem Vermögen nach das, was das Empfindbare der Wirklichkeit nach ist; (das ist, die Möglichkeit empfindbarer Gegenstände;) wie schon oben gesagt wurde. Es leidet also, (so lange das Empfindbare unähnlich ist,) Nach dem aber das Leiden vorüber ist; (bis das Gemüth dem Afficirendem seine Form mitgetheilt hat;) wird es (dem Afficirten,) ähnlich, und ist eben das, was jenes ist; (nemlich die Form des Empfindbaren.)

Sechstes Hauptstück.

Von empfindbaren Gegenständen.

Man muß bey jedem Sinne erstlich von den, durch ihn, empfindbaren Gegenständen handeln. Es giebt dreyerley Arten des Empfindbaren; von denen zwey durch sich selbst, die dritte aber zufälliger Weise empfunden werden. Von jenen zweyen ist die Eine, jedem Sinne ganz allein eigen; die Andere aber allen gemeinschaftlich.

Das jedem Sinne Eigenthümliche, nenne ich dasjenige, was durch einem anderem Sinn nicht empfunden werden kann, und bey welchem kein

Be-

Betrug statt findet; wie z. B. die Farbe in Ansehung des Gesichtes, der Schall in Ansehung des
Gehörs, das Schmeckbare in Ansehung des Geschmacks; das Gefühl aber hat mehrerley Verschiedenheiten. Ein jeder Sinn urtheilt über diese
Gegenstände, und irrt sich nicht, daß z. B. dieß
eine Farbe und jenes ein Schall war. Allein (in
der Bestimmung) was es ist, was gefärbt erscheint oder wo es ist; und was das ist, was er-
schallt, oder wo es ist, (geschieht oft ein Irrthum, welcher aber nicht den Sinnen, sondern
anderen Umständen zuzuschreiben ist.) Jene also
(die Farben, der Schall, das Schmeckbare,
das Riechbare und das Fühlbare,) sind die, einem jedem Sinne, eigenthümlich zukommende empfindbare Dinge.

Das allen Sinnen gemeinschaftliche Empfindbare ist: Bewegung, Ruhe, Zahl, Figur, Größe.
Denn diese kommen keinem Sinne eigenthümlich
zu, sondern sind allen gemeinschaftlich. Denn die
Bewegung z. B. wird sowohl durchs Gefühl, als
durchs Gesicht empfunden.

Diese also, (beyde Arten der empfindbaren Gegenstände) sind schon durch sich empfindbar.

Das, zufälliger Weise, Empfindbare aber,
wird dasjenige genannt, (welches an einem empfindbaren Gegenstande ist, welches also nicht
durch sich, sondern durch den empfindbaren Ge-

gen-

genſtand, an dem es iſt, empfindbar wird;) wenn z. B. Diaris Sohn weiß wäre; ſo würden wir dieß (daß es Diaris Sohn iſt,) zufälliger Weiſe wahrnehmen; weil es der weißen Farbe, die wir eigentlich empfinden, als Etwas zufälliges zukommt. (Denn Diaris Sohn empfinden wir nicht, wohl aber ſeine weiße Farbe.) Deswegen leidet das Empfindungsvermögen nichts von dieſem, (zufälliger Weiſe) Empfindbarem.

Unter jenen, die durch ſich ſelbſt empfindbar ſind, ſind diejenigen eigentlich empfindbare Gegenſtände, welche jedem Sinne eigenthümlich zukommen, und auf welche ſich von Natur aus, das Weſen jedes Sinnes bezieht.

Siebentes Hauptſtück.

Was das Sichtbare, das Durchſichtige und das Licht ſey.

Was man ſehen kann, iſt uns ſichtbar. Sichtbar aber iſt die Farbe, und dasjenige, was zwar durch die Sprache benennt, (hergezählt,) werden kann, aber keine eigene, (gemeinſchaftliche,) Benennung

nennung hat; * was wir in der Folge ganz deutlich erſetzen werden. Denn dasjenige, was wir ſichtbar nennen, iſt die Farbe, welche in demjenigen zu finden iſt, was ſchon durch ſich ſichtbar iſt. Ich ſage aber durch ſich, nicht der Beſtimmung nach, (nicht als ob es zu ſeinem Weſen gehörte,) ſondern, weil es in ſich ſelbſt die Urſache enthält, warum es ſichtbar iſt. ** Eine jede Farbe aber iſt das Bewegliche desjenigen, was wirklich durchſichtig iſt, und darinn (daß jede Farbe das wirklich durchſichtige bewegt, und eben dadurch ſichtbar wird,) beſteht deſſelben Natur. Daher iſt die Farbe ohne Licht nicht ſichtbar; denn jede Farbe kann allerdings nur im Lichte geſehen werden. — Deswegen müſſen wir erſtlich erklären, was denn das Licht ſey? —

Es iſt alſo Etwas durchſichtiges. (Weil man vermittelſt deſſelben die Farbe ſieht.) Durchſichtig aber nenne ich dasjenige, was zwar ſichtbar iſt, aber nicht, damit ich es deutlich ſage, durch)

---

* Gegenſtände nemlich, die man auch im Finſtern ſieht, als: faules Holz, gewiſſe leuchtende Inſekten, und mehrere andere. Selbſt das Feuer gehört hieher.

** Die Seele iſt uns in Gegenſtänden ſichtbar, weil deren Oberfläche auf das durchſichtige Medium, und durch daſſelbe aufs Auge wirkt; mithin liegt nicht die Urſache der Sichtbarkeit in dem Weſen eines Dinges, das uns ohnehin, als das Weſen einer Erſcheinung unbekannt iſt.

durch sich selbst sondern durch eine fremde Farbe.
Dergleichen sind Luft, Wasser und mehrere feste
Körper, (Glaß, Eiß zc.) Denn sie sind nicht,
(als solch:) als Wasser und als Luft durchsichtig,
sondern weil eine gewiße nemliche Natur (Beschaf=
fenheit) in diesen beyden enthalten ist, als in dem
ewigen, oberem Körper, (der Sonne.) * Das
Licht ist die Wirksamkeit des Durchsichtigen, in
so fern es durchsichtig ist. ** Diejenigen Körper,
die bloß ein Licht haben können sind finster. ***
Dergestalt ist das Licht gleichsam die Farbe des
Durchsichtigen; wenn es nemlich wirklich vom Feuer
oder von Etwas anderem von der Art, wie der
obere (Himmels) Körper ist, durchsichtig gewor=
den ist. Denn auch in ihm (dem Himmels Kör=
per) ist Etwas gleiches und ähnliches; (das Licht
nem=

---

* Weil sie das Licht in sich aufnehmen können,
und sich von demselben durchdringen lassen; und
zwar das Licht der Sonne; daß also ihre Be=
schaffenheit der Sonnenstrahlen ähnlich zu seyn
scheint.

** Wir haben zu Ende dieses Hauptstückes das=
jenige von diesen Gegenständen beigesetzt, was
die Neueren darüber bestimmt haben; um den
Unterschied der Alten und Neueren über die=
sen Punkt zu bemerken.

*** Weil diejenigen Körper, die bloß das Vermö=
gen des Lichtes, haben, noch kein Licht enthal=
ten; wohl aber die Abwesenheit des wirklichen
Lichtes; mithin Finsterniß; weil diese eben da=
rinn besteht.

nemlich, vermittelst deſſen Etwas durchſichtig
iſt.)

Wir haben alſo feſtgeſetzt, was das Durchſichtige, und was das Licht ſey. Es iſt weder
ein Feuer oder ſonſt ein Körper, noch der Ausfluß eines Körpers; denn es wäre auch auf dieſe Art immer noch ein Körper. * Sondern es iſt
die Gegenwart des Feuers, oder eines ähnlichen
Körpers im Durchſichtigen. Denn es iſt nicht
möglich, daß zwey Körper zugleich in einem einzigen zugegen ſeyn ſollten, (was doch, wenn das
Licht ein Körper wäre, nothwendig geſchehen
müßte.) Das Licht ſcheint überdieß der Finſter-
niß entgegengeſetzt zu ſeyn. Nun iſt aber die Fin-
ſterniß eine Privation einer ſolchen Beſchaffenheit,
(die vom Feuer oder einem ähnlichen himmliſchen
Körper herkommt und die Durchſichtigkeit bewirkt,) welche Beſchaffenheit, von durchſichtigen
Körpern, (in dieſem Zuſtande,) abweſend iſt.
Folglich iſt es offenbar, daß das Licht die Gegenwart dieſer Beſchaffenheit, (und kein Körper,)
ſey.

Empedocles und wer ſonſt noch ſeiner Meynung iſt, iſt unrichtig daran, wenn er glaubt, daß
das Licht derjenige Körper ſey, der ſich zwiſchen

J   der

---

* Der erſten Meinung war Plato im Timäus zugethan; der zweiten Empedokles, und der dritten Demokritus.

der Erde und dem Himmel ergießt und ausbreitet, uns aber (seiner Schnelligkeit und Feinheit wegen) verborgen bleibe. Denn dieß ist wider alle Vernunft und wider alle Erscheinung. In einem kleinerem Raume könnte uns, (der Lichtkörper,) vielleicht (aus obigen Ursachen,) verborgen bleiben; allein, daß er uns auch vom Aufgang bis zum Untergang (durch einen so großen Raum) verborgen bleibe, ist eine zu große Forderung, (Anmaßung.)

Dasjenige ist nur allein für die Farbe empfänglich, das der Farbe gänzlich beraubt ist; so wie dasjenige nur einen Ton aufnehmen kann, das selbst noch nicht ertönt. Nun ist aber das Durchsichtige, und das Unsichtbare, wie auch dasjenige, das man mit Noth ersieht, wie das Dunkle zu seyn scheint, aller Farben beraubt; folglich ist das Durchsichtige, aber nicht, in so fern es wirklich durchsichtig ist, sondern, in so fern es durchsichtig seyn kann, für die Aufnahme der Farbe empfänglich. Denn, seiner Natur nach, ist es itzt Finsterniß, (verfinstert,) und itzt wieder Licht, (erleuchtet.)

Nicht alles Sichtbare wird beym Lichte gesehen, sondern nur die, einem jedem Dinge, eigenthümlich zukommende Farbe. Denn einige Dinge sieht man nicht beym Licht; im Finstern aber kann man sie wahrnehmen; wie z. B. die feurigen und glänzenden Erscheinungen (in der Luft, und die Sterne, die zur Nachtszeit sichtbar sind.) — Diese aber haben keine gemeinschaftliche Benen-

nennung, als z. B. Schwämme, (Pilze,) Horn
und Köpfe von gewißen Fischen, und ihre Schup-
pen und Augen. (Aristoteles hätte noch mehrere
anführen können z. B. faules Holz, gewiße
Würmchen und Insekten, die Augen und Haare der Katzen u. s. w. die alle zur Nachtszeit
sichtbar sind.) Allein nichts von diesen hat eine
eigenthümliche Farbe. Warum man dieses aber
nur so, (zur Nachtszeit,) sehe, ist eine andere
Frage.

Aus diesem ersieht man nun, daß dasjenige,
was man im Lichte, (unter Tags,) ersieht, die
Farbe sey; deswegen wird sie nicht ohne Licht,
(im Finstern,) wahrgenommen. Denn darinn besteht eigentlich das Wesen der Farbe, daß sie dasjenige ist, was das wirklich Durchsichtige in Bewegung setzt. Die Wirksamkeit aber des Durchsichtigen ist das Licht. Dieses wird auch durch
die Beobachtung (σημειον durch ein Zeichen,)
offenbar. Denn, wenn Etwas gefärbtes, (unmittelbar,) auf das Gesicht gesetzt würde, so würde es der Mensch nicht sehen. Denn die Farbe
bewegt das Durchsichtige, (was zwischen den Augen und dem gefärbten Gegenstande ist,) z. B.
die Luft. Von diesem, als einem Continuum wird
der Sinnorgan, (das Auge) bewegt (afficirt.) **

i 2　　　　Denn-

---

* Von der Aristoteles im 2ten Hauptstücke von den
　Sinnen handelt.
** Welches bei einem, das Gesicht unmittelbar af-
　fizirenden, gefärbten Gegenstande nicht seyn
　kann.

Democritus ist hier unrichtig, indem er meynt, daß wir, wenn das Medium, (durch das wir sehen,) ein Vacuum wäre, weit deutlicher sehen würden, ja, daß wir selbst eine Ameise im Himmel, (durch das Auge,) unterscheiden würden. Denn dieß ist ganz unmöglich. Weil das Sehen nur dadurch geschieht, daß das Sinnorgan, (von Außen,) leidet. (Mithin von Etwas äußerem afficirt wird.) Daß es von der Farbe (dem gefärbten Gegenstande,) der gesehen wird, (unmittelbar) afficirt werde, ist gar nicht möglich. (Weil dann der Gegenstand uns zu nahe, und mithin, eben deswegen, für uns nicht sichtbar wäre.) Es bleibt daher nichts übrig, als, daß er durch ein Medium afficirt werde. Folglich ist ein solches Zwischending, (ein Medium,) nothwendig. Wenn es aber zu einem Vacuum würde, würde nicht nur nichts deutlich, sondern vielmehr gar nichts gesehen werden.

Warum es nothwendig sey, daß die Farbe durchs Licht gesehen werde, ist gesagt worden. (Weil sie ohne erleuchteten Medium nicht gesehen werden kann.) Das Feuer aber ist in beyden, im Finstern und im Lichten sichtbar. Allein, dieß muß nothwendiger Weise geschehen; weil das Durchsichtige, durch dasselbe, (wirklich) durchsichtig wird, (und mithin das Medium erleuchtet und sichtbar macht.) Auf gleiche Weise verhält es sich mit dem Schalle und dem Geruche. Keins von beyden berührt unmittelbar das Sinnorgan, und bewirkt dadurch Empfindung, son-

sondern das Riechbare und das Hörbare, (wirk
lich Riechende und Ertönende,) bewegt das,
(zwischen ihnen und den Sinnorganen existiren
de,) Medium, und von diesem wird jedes von den
Sinnorganen bewegt. Wenn nun aber das Er
tönende und Riechende (unmittelbar) auf das
Sinnorgan gelegt würde, so würde dadurch keine
Empfindung bewirkt werden. Eben so verhält es
sich mit dem Gefühle und dem Geschmacke; fällt
aber nicht so in die Augen. Die Ursache davon
werden wir nachher angeben.

Das Medium des Ertönenden, (zwischen
dem Ertönenden und dem Ohre,) ist die Luft;
des Riechenden (Objekts) aber ein Wesen, das
man nicht benennen kann. Denn es kommt der
Luft und dem Wasser gemeinschaftlich zu. — So
wie also der Farbe das Durchsichtige zum Medium
dient; so ist auch dasjenige das Medium des Riech
baren, was in beyden (der Luft und dem Was
ser,) zu finden ist; weil auch die im Wasser le
benden Thiere, den Sinn des Geruchs zu haben
scheinen. Der Mensch aber, und andere auf der
Erde lebende Geschöpfe athmen und können ohn
möglich ohne Respiration riechen. Die Erklärung
hierüber wird nachher erfolgen; (im 2ten und
3ten Hauptstücke von den Sinnen.)

Kur=

Kurze Darstellung der Meinung neuerer Philosophen über diese Gegenstände.

Ich halte es für gut die Meinungen der heutigen Philosophen ganz kurz und im Allgemeinen, über diese drei Gegenstände: Licht, Durchsichtigkeit und Farbe, darzulegen, damit man Gelegenheit habe, den alten Stagiriten mit ihnen, in so fern vom Allgemeinen die Rede ist, zu vergleichen. Sie theilen sich in zwei Hauptklassen, die ich des leichteren Vergleichs wegen, einander gegen über stelle.

Newtons Meinung und seiner Nachfolger.

Das Licht ist ein Ausfluß von unendlich kleinen Theilen aus der Sonne, welche sich in die ganze Welt verbreiten. Lichtstrahlen sind einzelne dergleichen Ausflüße.
Sichtbar ist die Farbe

Die Farben kommen nicht dem Körper zu, sondern sind bloße zurückgeworfene Sonnenstrahlen; die nach Verschiedenheit ihrer Brechung verschieden sind.

Eulers Meinung und seiner Nachfolger.

Das Licht ist eine Erschütterung in den kleinsten Theilen des, das Universum erfüllenden Aethers; Lichtstrahlen sind die Schwingungen im erschüttertem Aether.
Sichtbar ist die Farbe—

Die Farben kommen nicht dem Körper zu, sondern bestehen in den auf der Oberfläche des Körpers bewirkten Schwingungen, die sich dem Aether mittheilen und bis zum Auge fortpflanzen.
Sie sind nach der Anzahl
ihrer

ihrer Schwingungen ver-
schieden.

Durchsichtig ist das-
jenige , was die Sonnen-
strahlen, d. i. die aus der
Sonne herausgestossenen
Theilchen , ohne Hinder-
niß durchläßt.

Durchsichtig ist das-
jenige , was viel Aether
auf eine solche Art in sich
enthält,daß dessenSchwin-
gungen ungehindert durch
dasselbe durchströmen können.

Siehe Newtons Op-
tik und Farbenlehre.

Siehe Eulers Briefe
I Theil ; dessen opuscul.
var. Argum. T. I. Nova
Theoria lucis & coloris.

Aristoteles spricht so allgemein von diesen Gegenständen , daß er sich hier für keine Hypothese
zu erklären scheint. Welches ihm auch in diesem
Orte sehr viel Ehre macht; weil hier nicht ex
professo die Rede davon ist. — Unter den neueren Hypothesen verdient Eulers Meinung am meisten Gehör.

Achtes Hauptstück.

Vom Tone , vom Gehöre und von der Stimme.

Itzt wollen wir erstlich vom Tone und vom Gehöre sprechen. Der Ton ist zweyfach; entweder
ist

ift er es wirklich, oder kann es bloß ſeyn. So ſagen wir, daß einige Körper keinen Ton haben, (ſtumm, unfähig zum Ertönen ſind.) Wie z. B. der Schwamm, die Welle; daß andere hingegen einen Ton haben, wie z. B. Erz und andere ſolide und glatte Körper; weil ſie ertönen können, das iſt: in dem Medium zwiſchen ſich und dem Ohre einen Ton wirklich hervorbringen können.

Das wirkliche Ertönen aber geſchieht immer durch die Wirkung eines Körpers, (eines ſonoren nemlich,) auf einen anderen, (durch welchen der Ton bis zum Ohr fortgeſetzt wird.) Denn der Stoß, (das Erzittern des Mediums,) bringt den Ton hervor. Daher iſt es ganz unmöglich, daß ein einzelner Körper an und für ſich ertönen konnte. Denn dasjenige, was (durch ſeinen Stoß) ſchlägt, (ein Zittern bewirkt,) iſt ein anderer Körper, und dasjenige, was geſchlagen wird, (was durch dieſen Stoß erzittert,) iſt gleichfalls ein anderer Körper; daher ertönt der Körper, welcher ertönt, auf den Schlag eines anderen. Der Schlag aber geſchieht nicht ohne Schwingungen. Jedoch ertönen, wie wir ſchon ſagten, nicht alle Körper, die einen Stoß erhalten. Denn eine ſchlagende und geſchlagene Wolle giebt keinen Ton; wohl aber das Erz und andere glatte und concave Körper. Das Erz nemlich, weil es ein glatter (und ſolider) Körper iſt; und concave Körper, weil ſie durch das Widerprellen des erſten Stoßes, mehrere Stöße von ſich geben; indem

dem die in Erschütterung gesetzte Luft nicht sogleich heraus kann, (wie in Glocken.)

Uibrigens hört man den Ton in der Luft, und im Wasser; im letzten aber etwas weniger. Das Vermögen zu ertönen ist aber nicht von Seiten der Luft, oder des Wassers; sondern es muß der Stoß der soliden Körper, sowohl gegen einander, als auf die Luft geschehen. Dieß geschieht nur dann, wenn die erschütterte Luft bey einander bleibt, und sich nicht weiter zerstreut. Daher ertönt es wenn sie schnell und stark erschüttert wird. Denn die Bewegung desjenigen, der da schlägt, (z. B. die Peitsche schwingt,) muß dem Zerstreuen der Luft schon zuvorgekommen seyn, nicht anders, als wenn jemand einen Haufen Sandes schnell schlägt, (damit er nicht zerfließe und sodann der Knall unmöglich werde.) *

Das

---

* Wenn ein Sandhaufen schnell und stark geschlagen wird, so giebt es einen Schall. Weil der Schlag der Zerstreuung des Sandes zuvorkommt. Berührt man ihn aber leise, so zertheilen sich die Sandkörnchen und man hört Nichts. Eben so ist es mit der Luft und dem Wasser. Werden sie beide schnell und stark geschlagen, so kömmt der Stoß der Zertheilung vor. Beide Körper reagiren und so entsteht ein Knall. Bei einer langsamen Berührung ist keine Reaktion, und mithin kein Knall.

Das Echo geschieht, wenn die Luft durch ein Gefäß, (einen ihr entgegenstehenden Körper,) das zugleich dessen Ausbreitung verhindert; einge schränkt und gleich einer Kugel zurückgestoßen wird. Das Echo scheint aber immer (bey jedem Tone, weil jeder Ton von Körpern gehindert und zu rückgestoßen wird,) hervorgebracht zu werden, nur daß man es nicht deutlich vernimmt. Denn beym Schalle ist es eben so, wie beym Lichte; weil das Licht immer zurückgeworfen wird. Denn sonst würden wir nicht überall Licht haben, son dern, außer dem, von der Sonne erleuchtem Or te pure Finsterniß seyn. Allein es wird nicht so zurückgeworfen, wie im Wasser, in der Luft, oder einem anderem glattem Körper. (Denn auf solche Art würden wir überall ein gleich helles Licht haben.) Daher bewirkt es einen Schatten, durch den wir das Licht begränzen. (Das zu rückwerfen der Strahlen ist weit schwächer, als das unmittelbare Sonnenlicht, weswegen es den Schatten verursacht. *

Mit recht wird das Vacuum, für die Ur sache des Hörens, (für das Medium,) gehalten.
* Denn

---

* Denn durch die, von den Körpern zurückgewor fene Strahlen, ist alles erleuchtet und beschat tet; weil wir sonst, außer dem Sonnigten, Finsterniß hätten, und es vom Lichte zur Fin sterniß keinen Uebergang gäbe; allein es wird nicht immer so zurückgeworfen, wie im Wasser u.s.w. Sonst würden wir gar keine Dunkel heit haben.

* Denn die Luft scheint ein Vacuum zu seyn. ** Sie ist es nemlich, die das Hören verursacht, indem sie, als ein Continuum, mit einem Male erschüttert wird. Allein, wenn sie sich zerstreut, ertönt sie nicht, außer dasjenige, wodurch sie den Stoß erhält, ist ein glatter Körper; denn dann wird sie dieser (glatten und die Luft in mehreren Punkten berührenden,) Oberfläche wegen, im Ganzen und zugleich erschüttert; weil die Oberfläche eines glatten Körpers eine Fläche ist, (mit der sie die Luft mit allen ihren Punkten, wie eine Einheit, berührt, während ein rauher Körper dieselbe, als Vielheit zerstreut.)

Das Vermögen zu ertönen hat also dasjenige, was das Vermögen hat, die nemliche Luft, (mit einem Male,) continuirlich bis zum Ohre in Erschütterung zu setzen. Im Ohre ist eine gewiße, ihm angeborne Luft; und weil er, (der Ton,) in der Luft geschieht, so verursacht die Bewegung der äußeren Luft, die Erzitterung der inneren, (der im Ohre eingeschlossenen.) — Daher hört das

---

* Dies ist die Meinung des Demokritus.
** Ein Vacuum kann man das nennen, wo sich schlechterdings kein Körper befindet, oder auch das, wo sich zwar Etwas körperliches befindet, das man aber nicht greifen kann. Im letztem Sinne ist die Luft ein Vacuum; und in so fern kann man sagen, daß das Gehörs medium ein Vacuum ist.

das Thier nicht von allen Seiten, weder wird es von allen Seiten von der Luft durchdrungen. Denn der bewegte Theil eines belebten Wesens hat nicht überall (jene angebohrne,) Luft, (durch welche die Erschütterung im Ohre entsteht, und auf solche Art sodann das Hören bewirkt.) So wie der Augapfel durch die crystallinische Feuchtigkeit sehen kann; (So kann das Ohr nur durch die, in ihm eingeschloßene Luft, hören.)

Die Luft, in so fern sie sich zerstreut ist keines Tones fähig; in so fern aber diese Zerstreuung verhindert ist, wird jede Bewegung zu einem Tone. Diese (innere,) Luft aber ist in den Ohren eingesperrt, damit sie unbeweglich sey, und jeden Unterschied der Bewegung aufs genaueste empfinde. Daher hören wir auch im Wasser; weil es nicht in die, in dem Ohre befindliche, angeborne Luft; ja, der Krümmungen, (des Schneckenganges,) wegen nicht einmal ins Ohr eindringen kann. Sobald aber dieß einmal geschehen ist, so hört es nicht mehr; eben so wenig, wenn das Häutchen im Ohre, (das Trommelfell) erkrankte; so wie man nichts sieht, sobald das Häutchen über dem Augapfel verletzt ist. Das Zeichen aber des Hörens oder Nichthörens ist, daß das Ohr, wie ein Horn, immer (ganz leise) ertöne. Denn die in den Ohren eingeschränkte Luft wird immer durch eine gewiße eigene Bewegung in Bewegung versetzt. * Der Ton aber, der von außen erregt wird

---

* Die äusere Luft ist in stäter Bewegung; deren leiser Ton von dem knorplichten und krummen

wird, iſt etwas ganz fremdes und (dem Ohre)
nicht eigenthümlich Zukommendes. Und eben deßwegen ſagten die Alten, daß wir vermittelſt des
Vacuums, und deſſen, was ertönt, hörten; weil
wir vermittelſt deſſen, was eine eingeſchränkte Luft
hat, hören (und vermittelſt der äußeren Luft,
welche die Alten für ein Vacuum in obigen Sinne, hielten.)

Allein, welches von beyden ertönt? — das,
was geſchlagen wird, oder das, was ſchlägt? —
oder beyde, auf eine verſchiedene Art? — (Beyde
auf eine verſchiedene Art.) Denn der Ton iſt
die Bewegung eines, auf ſolche Art, bewegbaren
Körpers, wie diejenigen, die von glatten Körpern, wenn ſie geſchlagen werden, zurückſpringen;
(die elaſtiſchen.) Nicht jedes geſchlagene, oder
ſchlagende, (Erſchütterte oder Erſchütternde,)
— wie ſchon geſagt wurde, — ertönt, wie z. B.
wenn eine Nadel von der anderen geſchlagen wird;
ſondern es muß der geſchlagene Körper eine plane
Oberfläche haben, damit die ganze Luft zurück-
prelle, und im Ganzen erſchüttert werde.

Die

Gange des Ohres zurückgeworfen wird; auch
eidet die innere, nicht eingeſchloſſene, ſondern
ſich bloß im Hörgange befindliche Luft, durch
den ewig thätigen Strom der äuſeren Luft, einen immerwährenden Verluſt und Erſatz.

Die Unterschiede der ertönenden (sonoren) Körper können nur durch den wirklichen Ton offenbar werden. Denn so wie man ohne Licht keine Farben wahrnimt; eben so wenig nimmt man ohne Ertönung einen hohen und tiefen Ton wahr. *
Diese (Benennungen eines spizigen und stumpfen Tones) sind von fühlbaren Gegenständen übertragen worden. Denn das Spizige bewegt den Sinn in kurzer Zeit viel; das Stumpfe aber, in langer Zeit, wenig. Das Spizige ist also nicht schnell, und das Stumpfe langsam; sondern die Bewegung des Einen ist der Geschwindigkeit wegen, eine solche, (schnell;) und die Bewegung des Anderen der Langsamkeit wegen, gleichfalls eine solche, (langsam.) Diese beyde scheinen dem Spizigen und Stumpfen im Sinne des Gefühls ähnlich zu seyn. Denn das Spizige sticht gleichsam, (findet weniger Widerstand,) — das Stumpfe schlägt gleichsam, (findet seiner Oberfläche wegen mehr Widerstand;) weil das Erstere in kürzerer; das zweyte in längerer Zeit bewegt. Daher geschieht es auch, daß das Erste schnell, das zweyte langsam wirkt. **

Dieß

* Einen spizigen und schweren, oder besser stumpfen Ton, nach dem Griechischen.
** So ist es auch im hohen und tiefem Tone. Bei jenem erbebt die Saite in einer und derselben Zeit weit schneller, als bei diesem, wo die Saite in der nemlichen Zeit weit langsamer erbebt. Der Schwingungen sind also in einer und derselben Zeit, im jenem Zustande weit mehrere, und in diesem weit wenigere.

Dieß sey also vom Tone gesagt. Die Stimme aber ist der Ton eines lebenden Wesens. Denn unbelebte Dinge haben keine Stimme. Man schreibt ihnen nur der Aehnlichkeit wegen eine zu, wie z. B. der Flöte, der Leyer und anderen unbelebten Dingen, (vorzüglich blasenden musikalischen Instrumenten;) wenn sich nemlich ihr Ton ausbreitet, melodisch und articulirt, (διαλεκτον) ist. Sie scheinen bloß eine Stimme zu haben, weil der Stimme die nemlichen Eigenschaften zukommen.

Es giebt aber doch viele Thiere, die keine Stimme haben; wie diejenigen, die kein, (rothes) Blut haben die Fische. Allein, nicht ohne Ursache, weil der Ton nichts anderes, als eine Erschütterung der Luft ist, (und diese für solche Thiere nicht empfindbar zu seyn scheint.) Die Fische aber im Fluß Achiloos, die einen Ton von sich geben sollen, bringen einen Ton, (ein, dem Tone ähnliches Geräusch,) vermittelst der Kiefern, oder eines ähnlichen Theiles hervor, (und haben daher keine Stimme im eigentlichen Sinne des Wortes.)

Die Stimme ist der Ton eines Thieres; aber nicht mit dem ersten, besten Theile hervorgebracht, (wie z. B. durch das Zusammenschlagen der Hände,) sondern jeder Ton entsteht dadurch, daß Etwas erschüttert, und Etwas anderes erschüttert wird, und zwar vermittelst eines Anderen, (eines Mediums, das diese Erschütterung fortsetzt,) welches die Luft ist. Daher werden ganz richtig nur

nur diejenigen allein eine Stimme haben, die Luft in sich aufzunehmen vermögen. D.e Natur bedient sich der Respirationswerkzeuge zu zweyerley Geschäften; so wie sie sich der Zunge zum Schmecken und zum Sprechen bedient. Von diesen ist der Geschmack Etwas Nothwendiges, weswegen er auch den Meisten eigen ist; das Vermögen zu sprechen aber nur Etwas Gutes; (und kommt dem Geschöpfe des Guten wegen zu.) Auf gleiche Weise ist die Respiration erstlich zur Erfrischung des sehr warmen inneren Blutes nothwendig; wovon wir die Ursache anderwärts angeben werden, und zweytens dient sie zur Stimme, und kommt den Thieren, als etwas Gutes zu. *

Das Werkzeug des Athenholens ist die Luftröhre; ** und derjenige Theil, um dessentwillen die Luftröhre da ist, heißt die Lunge. Die auf der Erde einhergehenden, (warmblütigen) Thiere, haben an diesem Theile mehr Wärme, als an allen übrigen. Uiberdieß bedarf der erste Ort beym Herz, (wegen der größten Wärme,) am meisten der Respiration, (Erfrischung;) daher ist es nothwendig, daß durch die Respiration, (frische) Luft

---

* Der Dienst, den uns eine Sache gewährt, kann auf zweierlei Art statt finden. Er kann nothwendig seyn, wie die Respiration zur Erfrischung des Blutes, und nützlich, wie eben dieselbe zur Hervorbringung der Stimme.

** Φαρυγξ, der Schlund, muß wohl hier die Luftröhre heißen; wie ohnehin der Zusammenhang beweist.

Luft von Außen hineinkomme. Die Stimme ist
eine Erschütterung der eingeathmeten Luft, welche
von der, in diesen Theilen, (in der Lunge) woh-
nendem Seele herkommt, und auf die sogenannte
Röhre, (Luftröhre) fortwirkt. Denn nicht der
Ton eines jeden Thieres, wie wir schon sagten,
ist eine Stimme; denn wir können mit der Zunge
Töne hervorbringen, wie z. B. durch das Husten,
(und Räuspern, das aber keine Stimme ist,)
— sondern dasjenige, das die Erschütterung bewirkt, muß ein belebtes, mit einer Einbildungskraft, (zum wenigsten) versehenes Wesen seyn,
das bey der Stimme eine gewiße Absicht haben muß.) Denn die Stimme ist ein Ton, welcher eine gewiße Bedeutung hat. — Noch ist sie
(nur allein) die Bewegung der eingeathmeten Luft,
wie das Husten; sondern diese (innere Seele)
stößt die in der Luftröhre enthaltene Luft, und
durch sie die Luftröhre selbst. Der Beweiß davon ist dieser, daß man weder einathmend, noch
ausathmend eine Stimme von sich zu geben vermag; wohl aber, indem man die Luft zurückhält;
denn das Zurückhaltende bewegt nun die zurückge-
haltene Luft, und durch sie die Luftröhre, wo sodann die Stimme hervorgebracht wird. Daraus
ersieht man, daß eben deswegen die Fische stumm
sind, denn sie haben keine Luftröhre; und diesen
Theil haben sie nicht, weil sie weder Luft einathmen, noch sonst respiriren. Diejenigen aber, die
da behaupten, daß die Fische respiriren, irren sich
sehr. Die Ursache davon gehört in eine andere

Un-

Unterſuchung (in die Abhandlung vom Athen=
holen, wo Ariſtoteles auch davon handelt.)

Neuntes Hauptſtück.

Vom Geruche, und von dem Riechbarem.

Vom Geruch und von dem Riechbarem iſt es
weit ſchwerer Etwas zu beſtimmen, als von denen
ſo eben die Rede war. Weil es nicht ſo ausge=
macht iſt, was der Geruch ſey, als es offenbar
war, was der Ton, das Licht und die Farbe ſind.
Die Urſache iſt dieſe, weil wir keine ſo ſcharfe,
wohl aber eine weit ſtumpfere Empfindung, (in
Anſehung des Geruchs) haben, als viele andere
Thiere. Denn der Menſch riecht nur ſehr ſchwach,
und kann nichts Riechbares empfinden, außer es
iſt mit Schmerz oder Vergnügen verbunden; weil
das Empfindungsorgan nicht ſo auserleſen iſt. Es
iſt ganz begreiflich, daß die ($\sigma\kappa\lambda\eta\varrho o\varphi\vartheta\alpha\lambda\mu\alpha$)
hart, (ſtarr,) äugigen Thiere die Farben nicht eher
empfinden, noch auch die offenbaren Unterſchiede
derſelben wahrnehmen, außer wenn ihre Empfin=
dung mit Schrecken oder Freude verknüpft iſt;

und

und daß auf gleiche Weise das Menschengeschlecht die riechbaren Gegenstände empfindet. *

Die Arten des Geschmacks aber verhalten sich auf gleiche Weise zum Geschmacke (überhaupt;) wie die Arten des Geruchs zum Geruche (über= haupt.) Wir haben aber einen weit feineren Ge= schmack; weil er ein gewißes Gefühl ist. Dieser Sinn des Gefühls aber ist im Menschen der voll= kommneste. — Denn in Ansehung anderer Sinne wird er von den Thieren übertroffen; in Ansehung des Gefühls aber empfindet er weit vorzüglicher und stärker, als andere Thiere. Daher ist er auch das klügste von allen Thieren. Der Beweiß ist folgender: weil im Menschengeschlechte, bloß die= ses Sinnorgans und keines anderen wegen einige Talentvoll, und andere von schwachen Geistesga= ben sind. Denn die Hartfleischigen, (Gefühl= losen,) haben ein stumpfes Talent; die Weich= fleischigen aber, (die zart und richtig fühlenden)

K 2   sind

---

* So wie dergleichen hartdugigte Thiere, deren Augen immer offen, ohne Augenlieder da ste= hen, wie z. B. die Augen des Krebses, keine Farben unterscheiden können, außer sie bewir= ken in ihnen ein Schrecken oder eine Freude, also kann der Mensch, des geringen Geruchs= Organs wegen, nicht so fein, richtig und scharf riechen, als er sieht oder hört, und jeder Ge= ruch wird ihm nur durch Schmerz oder Ver= gnügen empfindbar.

sind talentvoll. * So wie der Geschmack süß
und sauer ist, also ist auch der Geruch (angenehm und unangenehm.) Einige Gegenstände
bewirken für den Geruch und den Geschmack einerley Empfindung, daß also dasjenige süß riecht,
was süß schmeckt; andere aber ganz das Gegentheil. Auf gleiche Weise ist auch der Geruch
scharf, herb, sauer, fett, (wie der Geschmack.)
Allein, weil, wie wir schon sagten, die Gerüche
nicht so sehr zur Einsicht offen liegen, als die Arten des Geschmacks, so sind diese Benennungen,
wegen der so großen Aehnlichkeit der Gegenstände,
vom Geschmack entlehnt worden. Zum Beyspiele
dient das Süße, (Angenehme) des Safrans und
des Honigs; das Scharfe des Thymians, (rö-
mischen Quändels) und anderen dergleichen Gegenstände.

Auf

---

* Diese Weichfleischigkeit muß jedoch von einem
purem und gutem Geblüte herrühren; so wie
die Hartfleischigkeit von einem verdorbenen herkommt. Einige Commentatoren wollen hier einen Fingerzeug auf die Temperamente wahrnehmen, worauf viele Alte sehr versessen waren. So lehrt z. B. Galenus, das die Sitten der Menschen von ihren Temperamenten
herkämen. — Obschon man hier nichts bestimmtes entscheiden kann, so kann man doch eben
so wenig die Möglichkeit bestreiten, daß Aristoteles hier auf die Temperamente, oder doch
auf etwas Aehnliches gedacht haben kann.

Auf gleiche Weise geschieht es auch mit allen übrigen Arten des Geruchs. Uibrigens ist jeder Sinn wie das Gehör. So wie das Gehör das Hörbare und Nichthörbare, (das Gesicht,) das Sichtbare und Unsichtbare unterscheidet, eben so unterscheidet der Geruch das Riechbare und das Unriechbare. Unriechbar nennt man aber dasjenige, was gar keinen Geruch von sich geben kann, oder auch, was einen sehr geringen und schlechten Geruch hat. Auf gleiche Weise ist die Bedeutung des Schmeckbaren und Unschmeckbaren.

Aber auch der Geruch geschieht durch ein dazwischen liegendes Medium, die Luft nemlich und das Wasser. Denn auch im Wasser lebende Thiere scheinen einen Geruch zu haben; desgleichen die mit (rothen) Blut versehene Thiere, und die ohne (rothen) Blut lebende eben so gut, als die in der Luft sich aufhaltende Geschöpfe; denn einige von ihnen eilen schon von Ferne, zu den Geruch angelokt, zu ihrer Nahrung.

Daher entsteht der Zweifel, ob alle Thiere auf die nemliche Art riechen? — Der Mensch riecht zwar als respirirend; allein als nicht respirirend, wenn er bloß ausathmet, oder die Luft in sich zurückhält, riecht er nichts, weder von Ferne, noch in der Nähe; noch auch, wenn man das Riechbare selbst in die Nase hineinsteckte. — Der Umstand, daß, wenn der, (durch den Geruch,) empfindbare Gegenstand in das Sinnorgan selbst hineingesteckt würde, wir nichts, durch den
Ge-

Geruch empfånden, iſt allen Sinnen gemeinſchaft-
lich. Die Menſchen aber haben das Eigenthům-
liche, daß ſie ohne Reſpiration nichts, (durch den
Geruch,) empfinden können; welches die Erfahrung deutlich beſtåttiget.

Daher ſcheinen diejenigen Thiere, die ohne
(rothen) Blut leben, da ſie nicht reſpiriren, einen ganz anderen Sinn zu haben, als der iſt,
von dem wir ſprechen, (als der Sinn des Geruchs.) — Allein dieß iſt nicht möglich, weil ſie,
(beyde, die mit rothem Blut verſehenen, und
die ohne rothen Blut lebenden,) Geruch empfinden; denn die Empfindung des Riechbaren,
des wohl und übel Riechenden iſt der Geruch,
(welchen beyde empfinden.) Uiberdieß ſcheinen
ſie von den heftig wirkenden Gerüchen z. B. vom
Pech, Schwefel und åhnlichen Gegenſtånden, eben
ſo verletzt zu werden, wie der Menſch. Daher
müſſen ſie nothwendig riechen; jedoch ohne Reſpiration. (Sie haben folglich keinen anderen
Sinn, ſondern den nemlichen Geruch, auf eine
andere Art.)

Der Geruchs-Sinn der Menſchen ſcheint
von demjenigen der übrigen Thiere, eben ſo unterſchieden zu ſeyn, wie die Augen gewöhnlicher Thiere von den Augen hart, (und ſtarr) åugigter
Thiere unterſchieden ſind. Jene haben eine Ver-
zåumung, und gleichſam eine Decke über die Augen, die Augenlieder, (und Augenbraunen nemlich,) — können aber nicht eher ſehen, als bis
                                                    ſie

sie diese bewegen und aufziehen. Diese aber, die hart, (und starr) Aeugigten haben nichts Aehnliches, sondern sehen geradezu dasjenige, was im Durchsichtigen vorkömmt. Auf gleiche Weise ist also auch das Geruchs-Werkzeug, (bey denen, die da nicht respiriren,) ganz unbedeckt, wie die Augen (der hartäugigten Thiere;) diejenigen aber, die Luft einathmen, haben eine Bedeckung; welche, wenn sie respiriren, und die Poros und (Luft) Gänge eröfnen, aufgemacht wird. Daher riechen jene Thiere die respiriren, nichts im Feuchten, (im Wasser,) weil sie nothwendig durch Respiration riechen müssen, welches im Feuchten ohnmöglich geschehen kann. Der Geruch aber riecht (eigentlich) das Trockene; so wie der Geschmack (eigentlich,) das Feuchte schmeckt. Das Geruchswerkzeug aber enthält ein solches Vermögen, (das Trockene durch den Geruch zu empfinden.)

Zehn=

Zehntes Hauptstück.

Vom Schmeckbarem, und dem Geschmacks-werkzeuge.

Das Schmeckbare aber ist jedesmal etwas Fühl-bares. Und eben dieß ist die Ursache, warum es nicht durch ein Medium, welches ein fremder Kör-per wäre, empfindbar ist; weil auch selbst nicht das Gefühl * ein solcher Sinn ist, (der eines Mediums; welches ein fremder Körper wäre, bedürfte.) Zudem besteht ein schmeckbarer Ge-genstand, in welchem ein Geschmack empfunden wird, aus etwas Feuchten, als seiner Materie; dieses aber ist immer etwas Fühlbares. Daher würden wir, wenn wir im Wasser wären, das ins Wasser hineingeworfene Süße empfinden; nicht aber, als ob wir diese Empfindung vermittelst des Mediums (des Wassers,) hätten, sondern, weil das Süße mit dem Feuchten, (dem Wasser) vermischt wäre; wie es auch beym Trunk zu ge-schehen pflegt. ** Die Farbe aber wird nicht auf eine solche Art gesehen, weil sie nemlich, (mit einem anderem Körper,) vermischt wäre,

noch

---

* Wozu in weiterer Bedeutung der Geschmack ge-hört.
** Die Griechen tranken gewöhnlich Wasser mit Wein vermischt.

noch auch vermittelſt der Ausflüße (aus den ſichtbaren Körpern.) * Nichts alſo (von fremd= artigen Körpern) iſt beym Geſchmacke, als ein Mittel anzunehmen. Sondern, (die Aehnlich= keit zwiſchen Geſicht und Geſchmack iſt bloß die= ſe:) wie das Sichtbare eine Farbe iſt, alſo iſt auch das Schmeckbare der Geſchmack, (eines Objects.) Nichts kann ohne Feuchtigkeit die Empfindung des Geſchmackes hervorbringen; ſon= dern, es muß entweder wirklich, oder doch ſeinem Vermögen nach, feuchte ſeyn; wie z. B. das Salz, (Zucker, Alaun und dergleichen.) Denn es zerfließt ſehr leicht von ſelbſt und zergeht auf der Zunge, (weil es dem Vermögen nach, feuchte iſt.)

So wie das Geſicht das Sichtbare und Un= ſichtbare wahrnimt; denn das Finſtere iſt unſicht= bar, welches das Geſicht gleichfalls unterſcheidet; und das was zu ſehr ſchimmert; denn auch dieſes iſt für uns unſichtbar, obſchon auf eine andere Art, als das Finſtere; alſo unterſcheidet auch das Gehör das Ertönende und die Stille; von welchen das erſte hörbar, das zwente nicht hörbar iſt; und den zu ſtarken Schall, von welchem eben das gilt, was vom Sehen eines zu ſtark ſchimmernden Ge=

gen=

---

* Sondern die Farbe iſt vermittelſt des Medi= ums ſichtbar, welches in eine zitternde Bewe= gung geſetzt wird; wie im 7ten Hauptſtücke ge= zeigt wurde.

genſtandes galt; (daß er für uns nicht hörbar
iſt.) So wie ein zu leiſer Ton auf eine gewiße
Art nicht hörbar iſt; eben ſo wenig iſt auch ein
zu ſtarker und gewaltiger hörbar. Unſichtbar nennt
man theils dasjenige, was allerdings nicht geſehen
werden kann, welches, ſo, wie in anderen Sinnen, ohnmöglich empfunden werden kann; theils
dasjenige, was zwar von Natur aus dazu fähig
wäre, aber doch das, wodurch es geſehen werden
könnte, nicht oder doch ſehr ſchwach hat; wie z.
B. ein zum Gehen unfähiges Thier und ein kern-
loſes Gewächs. * Alſo nimmt auch der Geſchmack das Schmeckbare und das Unſchmeckbare
wahr; das Letztere hat entweder einen ſehr geringen oder ſchwachen Geſchmack, oder es iſt vermögend, den Geſchmacksſinn zu zerſtören.

Das

---

* Dadurch will Ariſtoteles die Verſchiedenheit des
Unſichtbaren erklären. Ein Thier kann aus
dreierlei Urſachen zum Gehen unfähig ſeyn:
1tens weil es gar keine Füſſe haben kann, 2tens
wenn es keine Füſſe hat; und 3tens wenn es
Füſſe hat, aber ſich derſelben nicht bedienen
kann; wie im Podagra oder anderen Fußkrank-
heiten. So iſt auch ein Gewächs kernloß,
wenn es keinen Kern haben kann, oder keinen
oder einen unmerklichen hat. So iſt es auch
mit dem Unſichtbarem. Es iſt etwas Unſichtbar 1tens weil es gar nicht geſehen werden
kann 2tens weil es, obſchon ſichtbar, außer
unſerem Geſichtskreiſe liegt, 3tens weil es zu
wenig Farbe oder eine zu ſchimmernde Farbe
hat.

Das Trinkbare und Untrinkbare, (das Feuch=
te und Trockene,) scheinen das Prinzip alles
Schmeckbaren zu seyn; denn beyde sind ein gewis=
ser (objektivischer,) Geschmack. — Allein das
letztere ist ein übles Princip und kann den Ge=
schmackssinn zerstören; — das erstere aber ist der
Natur, (des Geschmacks) gemäß, (und ist der
Grund des Schmeckens.) Das Trinkbare kommt
übrigens dem Gefühle und dem Geschmacke ge=
meinschaftlich zu.

Da das Schmeckbare feuchte ist, so muß
das Werkzeug des Geschmacks nothwendiger Wei=
se, nicht wirklich feuchte seyn; weder muß es un=
möglich seyn, (von außen her,) befeuchtet zu wer=
den. * Denn der Geschmack (im Subjekte,)
verhält sich gegen das Schmeckbare, in so fern es
schmeckbar ist, leidend. Daher ist es nothwendig,
daß, (das Werkzeug des Geschmacks,) befeuch=
tet werde, weil es zu seiner Erhaltung befeuch=
tet werden kann; das Geschmacksorgan aber ist
nicht (nothwendig,) feuchte. Die Beobachtung,
daß weder eine zu trockene, noch eine zu feuchte
Zunge, schmecke, bestätiget es. Denn dieses Ge=
fühl richtet sich immer nach dem, was es am er=
sten befeuchtet; nicht anders, als wenn jemand et=
was

___

* Es muß bloß das Vermögen haben, befeuch=
tet zu werden. So haben unsere Geschmacks=
wärzchen keine Feuchtigkeit an sich, wohl aber
das Vermögen von den Speicheldrüsen die
Speichelfeuchtigkeit anzunehmen.

was sehr Scharfes im Voraus schmeckt, und sodann etwas Anderes darauf. * Auf ähnliche
Weise scheint dem Kranken alles bitter, weil er
mit einer Zunge empfindet, die mit solcher Feuchtigkeit häufig belegt ist.

Die einfachen Arten des Geschmacks, so wie
der Farben, sind die einander Entgegengesetzten:
das Süße nemlich, und das Bittere; das nächste von jenem ist das Fette, von diesem das Sal-
zige. Zwischen diesen liegen in der Mitte: das
Scharfe und das Herbe, das Saure und das
Siechende, (Pikante) — Denn dieses sind bey-
läufig die Unterarten des Geschmacks. Das Instrument des Geschmacks, (das Sinnorgan,) ist
dasjenige, welches das Vermögen, (diese Arten
des Geschmacks,) zu empfinden hat; das Schmeckbare aber ist dasjenige, welches das Vermögen
hat, einzelne obige Arten des Geschmacks wirklich
zu bewirken.

Eilf=

---

* Er wird das letzte nicht unterscheiden, weil die
Wirkung des Ersteren noch nicht vorüber ist.

Eilftes Hauptſtück.

Vom Fühlbarem und dem Gefühle.

Vom Fühlbarem und dem Gefühle iſt eine und
dieſelbe Betrachtung. Wenn das Gefühl nicht
ein einziger, (eigener) Sinn wäre, ſondern mehrere in ſich begriffe, ſo müßten auch nothwendig
die fühlbaren Gegenſtände auf mehrerley Art empfindbar ſeyn, (und mithin nicht das Fühlbare,
als ein überhaupt genommener Gegenſtand betrachtet werden können.) **

Es entſtehen aber, (eben hier,) die zwei-
felhaften Fragen: ob es mehrere Sinne des Gefühls gebe, oder nur einen einzigen? — und was
denn das Sinnorgan ſey, welches das Vermögen
hat, fühlbare Gegenſtände zu fühlen? — ob es
das Fleiſch ſey, oder in anderen (Arten der Geſchöpfe,) Etwas, was dem Fleiſche verhältnißmäßig entſpräche? — Allein dieſe ſind Gefühls-
Medien. — Denn das urſprüngliche Gefühls-
Werkzeug iſt etwas anderes, Innerliches.

Alle

---

* Nicht ſo, wie beim übrigen Sinnen, wo erſtlich vom Objekte und ſodann vom Sinne ſelbſt,
die Rede war.

** Welches auch wirklich hier der Fall iſt. Denn
das Schmeckbare iſt etwas Fühlbares; wel-

Alle Sinne können nur eine Contrarietät empfinden; z. B. das Gesicht das Weiße und Schwarze; das Gehör das hoch und tief Ertönende; der
Geschmack, das Süße und Bittere. Im Gefühl
aber werden mehrere Contrarietäten empfunden:
das Warme und Kalte; das Trockene und Feuchte;
das Weiche und Harte und andere mehr. Allein dieser Zweifel könnte einer leichten Auflösung
fähig scheinen. Denn auch in anderen Sinnen
giebt es mehrere Contrarietäten. So ist z. B.
in der Stimme nicht nur eine Helle und Tiefe, sondern auch eine Stärke und Schwäche, eine Sanft-
heit und Rohheit, und andere Entgegensetzungen
von ähnlicher Art. So sind auch in der Farbe
mehrere dergleichen Contrarietäten. — Allein, welches das Object für den Sinn des Gefühls sey,
(unter welchen alle diese Entgegensetzungen,
als unter einem Geschlechte stehen,) so wie im
Gehör der Ton dieses Objekt ist, welches alle
Unterarten in sich begreift,) scheint nicht so offenbar zu seyn, (als in den übrigen Sinnen.) *

Db

---

ches aber nicht, wie das Fühlbare des Gefühls, auf dem ganzen Körper empfunden
wird, sondern nur auf einem Theile desselben,
auf der Zunge nemlich.

* Folglich scheinen im Gefühle, wenn man dasselbe nemlich überhaupt nimt, worunter dann
auch der Geschmack gehört, mehrere Contrarietäten zu seyn.

Ob aber das Gefühls-Organ Etwas Inne-
res sey oder nicht? — sondern vielmehr das Fleisch
dieses Werkzeug ausmache, scheint die Beobachtung, daß, sobald nur Etwas das Fleisch berührt,
sogleich eine Empfindung entstehe, noch nicht zu
bestätigen. Denn, wenn über das Fleisch, ein
gemachtes Häutchen gezogen wird, so bekommt
man, sobald die Berührung geschieht, auf ähnliche Weise, sogleich, die Empfindung des Gefühls; da es augenscheinlich ist, daß in diesem
Häutchen keineswegs das Gefühls-Werkzeug enthalten ist. Wenn aber dasselbe, (wie das Fleisch
mit diesem,) ganz verbunden wäre, so würde die
Empfindung weit schneller entstehen, (und das
nemliche zu geschehen scheinen, was itzt mit
dem Fleische geschicht.) Daher scheint es sich,
mit einem solchen Theile des Körpers so zu verhalten, wie mit der Luft; wenn man nemlich annehme, daß sie, von allen Seiten mit dem Körper zusammengewachsen wäre, (und gleichsam
einen Theil des Körpers ausmachte.) Dann
würden wir den Ton, die Farbe und den Geruch
mit einem und demselben Werkzeuge zu empfinden
glauben; und das Gesicht, das Gehör und der
Geruch würden einerley Empfindung zu seyn scheinen. Nun aber, da dasjenige, durch welches die
Bewegung, (bis zum Sinnorgan,) fortgepflanzt
wird, (die Luft nemlich,) getrennt ist, so sehen
wir augenscheinlich, daß jene Sinnorgane von einander unterschieden sind. *

Im

* So verhält es sich auch mit dem Geschmacke
und dem Gefühle; beide sind Gefühle: beide

Im Gefühle aber ist die Sache noch dunkel. Denn aus Luft und Wasser kann ein belebter Körper ohnmöglich zusammengesetzt seyn; weil er Etwas solides seyn muß. Es bleibt also nichts übrig, als daß er ein mixtum aus Erde und aus jenen Elementen ist, desgleichen das Fleisch und das ist, was ihm, (dem Fleische,) verhältnißmäßig entspricht. — Denn da alle Sinne durch ein Medium empfinden, so wird auch eins beym Gefühle Statt finden. Daher folgt nothwendig, daß dem Gefühls — Organ gleichfalls, ein ihm angebohrner Mittel-Körper zukommen müsse; durch welchen die Empfindungen, derer es mehrere giebt, entstehen. Daß es ihrer aber mehrere gebe, zeigt das Gefühl auf der Zunge an. Denn, durch diesen Theil, empfindet die Seele alles Fühlbare und den Geschmack. Wenn daher das Fleisch überall einen Geschmack durch die Berührung empfände, (wie auf der Zunge,) so wäre der Geschmack und das Gefühl ein und derselbe Sinn; itzt aber, da dieß gegenseitig nicht statt findet, giebt es ihrer zweye.

Hieran, (an dem Medium,) könnte aber jemand zweifeln; wenn nemlich jeder Körper, (nebst

---

empfinden durch das Fleisch; der erstere durch die Zunge, und das letztere durch das den ganzen Körper umgebende Fleisch. Mithin ist das Fleisch nicht das Gefühls-Organ, sondern das Medium fühlbarer Gegenstände.

(nebſt der Länge und Breite,) eine Tiefe hat; welche die dritte Meſſung der Größe iſt; ſo kann es nicht geſchehen, daß ſich zwey Körper, zwiſchen denen noch ein Dritter, als Medium iſt, (unmittelbar,) berühren. — Nun iſt aber das Feuchte ſowohl, als das Befeuchtete nie ohne einen Körper; welcher entweder Waſſer ſeyn, oder Waſſer haben muß. Diejenigen Gegenſtände aber, die ſich gegenſeitig im Waſſer berühren, müſſen nothwendig, da ihre Extreme, (an welchen ſie ſich berühren,) nicht trocken ſind, das Waſſer zum Medium haben, mit welchem die Extreme benetzt ſind. Folglich, wenn dieß wahr iſt, iſt es gar nicht möglich, daß Eins das Andere im Waſſer fühle. * Das gilt auch auf die nemliche Art von jenen, die ſich in der Luft fühlen. Denn die Luft verhält ſich zu den Gegenſtänden in derſelben eben ſo, wie das Waſſer zu denen im Waſſer; nur iſt für uns die Sache mehr verborgen; ſo wie es auch bey Thieren, die im Waſſer leben, für uns dunkel bleibt, ob das Befeuchtete von dem Befeuchteten gefühlt wird.

(Dieſemnach entſteht nun die Frage:) ob die Empfindung bey allen Sinnen auf einerley Art geſchehe, oder ob, wie es ſcheint, andere Sinne

L   auf

---

* Weil ſie einander dann nicht unmittelbar berühren, worinn eigentlich das Gefühl beſteht; daß der Geſchmack folglich nicht die Zunge zum Medium habe, ſonder das Waſſer.

auf andere Art (in Anſehung des Mediums)
empfinden? — Denn der Geſchmack und das Gefühl entſtehen dadurch, daß Gegenſtände (unmittelbar,) gefühlt werden; die anderen Sinne aber
empfinden nur von Ferne. — Allein dieſes iſt
nicht (ganz) ſo, ſondern wir empfinden das Harte und Weiche durch Etwas anderes; wie das
Ertönende, Sichtbare und Hörbare. Nur, daß
einige, (dieſe nemlich:) ſchon von Ferne; andere
aber, (jene) in der Nähe empfunden werden.
Deswegen iſt uns das Medium (im letztem Falle,)
verborgen. Ohngeachtet wir alles durch ein Medium empfinden, ſo iſt es uns doch in dieſem (dem
Geſchmacke und dem Gefühle,) verborgen. Und,
wie wir ſchon vorher ſagten, wenn wir auch durch
ein, (um das Fleiſch gelegtes) Häutchen alles
Fühlbare empfänden; dabey aber deſſelben uns
nicht zu erledigen wüßten; ſo würden wir dadurch
eben ſo gut zur Empfindung afficirt werden, als
itzt durch Waſſer und Luft, (im Geſichte, Gehöre, und Geruche;) nur würden wir die Gegenſtände unmittelbar zu berühren, ſcheinen, und
kein Medium in denſelben wahrnehmen.

Das Fühlbare iſt aber vom Sichtbarem und
Ertönendem unterſchieden. Weil wir dieſe nur in
ſo fern empfinden, als das Medium eine Wirkung
auf uns thut. Das Fühlbare aber nicht durch
das (äußere,) Medium; (wie in jenen;) ſondern mit dem Medium (dem Fleiſche, mit dem
wir ein und eben daſſelbe ausmachen;) wie z. B.
wenn ein Mann auf ſein Schild einen Stoß er-

hiel-

hielte. Denn das geschlagene Schild versetzt nicht
den Stoß; sondern beyde, (der Mann und das
Schild,) werden durch den Stoß erschüttert;
(weil sie Eins auszumachen scheinen.) Allerdings scheint sich das Fleisch und die Zunge zu ihren Werkzeugen, (dem Gefühle und dem Geschmacke,) eben so zu verhalten, wie die Luft und
das Wasser zum Gesichte, zum Gehöre und zum
Geruche. Denn, wenn das Sinnorgan unmittelbar berührt wird, so entsteht weder in diesem,
noch in jenen eine Empfindung; wie z. B. wenn
ein weißer Körper unmittelbar auf das Auge gelegt würde; (man würde ihn nicht sehen.) —
Daher folgt offenbar, daß das Gefühls-Organ
Etwas Inneres sey. Denn dann wird in ihm das
Nemliche geschehen, was bey anderen Sinnen geschieht; denn dieser Sinn empfindet sodann nicht
das, auf das Sinnorgan, unmittelbar Aufgelegte.
Sobald aber Etwas fühlbares auf das Fleisch gelegt wird, so empfindet er es. Daher folgt, daß
das Fleisch das Medium des Gefühls sey. *

l 2　　　　　Die

*. Es ist hier anzumerken, daß Aristoteles im
1sten Buche der Geschichte der Thiere, und im
2ten Buche von den Theilen der Thiere ein anderes Medium annimt. — Und, fürwahr!
wir fühlen vermittelst der Nerven auch ohne
Fleisch. Ich weiß hier den Aristoteles nicht
anders zu retten, als wenn ich annehme. .:
verstehe hier nicht Fleisch, in so fern es an und
für

Die fühlbaren Gegenstände sind die Differenzen der Körper, in so fern sie Körper sind. Differenzen nenne ich diejenigen, welche selbst die Elemente unterscheiden, das Warme und Kalte; das Trockene und Feuchte; von welchen wir erstlich bey Gelegenheit der Elemente gesprochen haben. *

Das Gefühlsorgan derselben, (der Wärme, Kälte u. s. w.) ist dasjenige, welches das Vermögen zu fühlen hat, und in welchem ursprünglich der Sinn enthalten ist, welcher das Gefühl genennt wird; das ist: es ist derjenige Theil, welcher ein solches Vermögen, (obige Gegenstände zu fühlen,) in sich hat. Denn das Empfinden ist ein gewisses Leiden. Daher macht dasjenige, was Etwas wirklich macht, dasselbe so, wie es dem Vermögen nach, schon in sich selbst enthalten ist. (Es macht, daß das Gefühlsorgan, das nur das Vermögen zum Fühlen hatte, nun wirklich so die Gegenstände fühlt, wie es sie zu fühlen das Vermögen in sich hatte.) — Eben deswegen empfinden wir nicht das Gleichwarme und Gleichkalte; das Gleichharte und Gleichweiche; sondern das Uibermäßige, (das mehr warm oder kalt ist,) weil der Sinn gleichsam das Mittelmaaß von dem ist, was im Empfindbaren als Contrarietät

---

* für sich genommen wird, sondern nur in so fern es mit Nerven durchwebt und durchflochten ist.
* Im zweiten Buche vom Erzeugen und Vergehen.

rietät enthalten iſt. Und eben deßwegen beurtheilt
er das Empfindbare. Denn das Mäſſige kann
nur, (über das Uibermäßige und Extreme von
beyden Seiten,) urtheilen; weil beyde, gegen
das Mittlere verglichen, Extreme ſind. Und ſo
wie das Geſicht, welches weiß und ſchwarz empfinden will, keines von beyden wirklich in ſich enthält; das Vermögen aber beyde zu empfinden;
ſo iſt es auch in den anderen Sinnen; und auch
im Gefühle, welches wirklich weder warm, noch
kalt iſt, (wohl aber das Vermögen für dieſe
Gefühle in ſich enthält.)

So wie überdieß das Geſicht das Sichtbare
und Unſichtbare empfindet, und die übrigen Sinne
gleichfalls die entgegengeſetzten Empfindungen wahrnehmen, ſo empfindet auch das Gefühl das Fühlbare und das Unfühlbare. Unfühlbar iſt dasjenige, wo; (entweder gar kein, oder doch) ein
ſehr geringer Unterſchied vom Fühlbarem angetroffen wird; wie z. B. das Fühlen der Luft; oder
wo das Gefühl zu unmäßig iſt, (zu heftig wirkt,)
wie dasjenige, was den Sinn, (durch ſeine Heftigkeit, verdirbt. Dieß ſey alſo vom jedem Sinne, aber nur gleichſam im Grundriße, geſprochen.

Zwölf=

Zwölftes Hauptstück.

Von den Sinnen überhaupt.

Dasjenige, was, als von allen Sinnen, überhaupt genommen, betrachtet werden muß, ist: daß der Sinn dasjenige sey, was das Empfindbare der Form nach, ohne alle Materie, aufzunehmen vermag; wie z. B. das Wachs die Form des Ringes, ohne alles Eisen und Gold, (aus welchen etwa diese Ringe bestehen,) annimt. Es nimt nemlich die goldene oder erzene Form, nicht aber das Erz und Gold selbst an. Auf gleiche Weise leidet der Sinn von jenem Gegenstande, der eine Farbe, einen Geschmack oder einen Ton hat; nicht aber, in wie fern ein jedes von ihnen also, (Farbe, Ton u. s. w.) benennt wird, (in wie fern Farbe, Ton, Geschmack u. s. w. wirklich auf ihn wirken,) sondern in so fern er ein solcher ist; (der das Vermögen hat, die Form solcher, wirklicher Gegenstände aufzunehmen,) und mithin seiner Bestimmung gemäß wirkt.

Das Sinnorgan ist dasjenige Erste (eines jeden Sinnes,) in welchem ein solches Vermögen, (Empfindungen zu haben,) enthalten ist. Sie sind also einerley: (das Sinnorgan und das Vermögen zu empfinden.) — aber auch verschieden, in Ansehung ihres Daseyns. Dasjenige, was

was empfindet, (das Sinnorgan,) ist eine Größe, (folglich ein Körper;) aber weder das Wesen des empfindenden Organs, (das Vermögen zu empfinden,) noch die Empfindung sind eine Größe; sondern ein gewißes Verhältniß (zum Organ,) und ein Vermögen desselben.

Aus diesem wird auch offenbar, warum Uibertreibungen sinnlicher Eindrücke das Sinnorgan zerstören. Denn, wenn die Bewegung des Empfindbaren auf das Sinnorgan heftiger ist, als sie dasselbe aushalten kann, so wird das Verhältniß; (in welchem das Sinnorgan gegen die Eindrücke steht,) zerstört; da doch hierinn, eben die Empfindung bestand; nicht anders, als auch die Harmonie und der Ton zu Grunde geht, wenn auf die Saiten des musicalischen Instruments heftig geschlagen wird.

Desgleichen ersieht man, warum die Pflanzen nicht empfinden, obschon sie einen Theil der Seele haben, und von denjenigen, die sie berühren, leiden. Denn sie werden kalt und warm. Die Ursache ist diese: weil sie kein gemäßigtes Gleichgewicht haben, weil sie gegen die äußeren Gegenstände kein bestimmtes Mittelmaaß haben;) noch auch ein solches Princip, wodurch sie die Form des Empfindbaren annehmen könnten; sondern sie leiden mit und von der Materie selbst.

Es könnte aber hier jemand zweifeln: ob das-jenige vom Geruche leiden könne, (einen Geruch haben könne,) was nicht zu riechen vermag; oder ein Anderes, das nicht sehen kann, von der Farbe leide, (die Farbe sehe;) und auf gleiche Art von den übrigen Sinnen. Wenn das Riechbare Ge-ruch hat, und Etwas die Empfindung des Geruchs hervorbringt, so ist es allerdings der Geruch vom Gegenstande. Daher kann nichts, was nicht vom Geruche afficirt werden kann, vom Riechen was leiden. Das nemliche gilt auch von allen übri-gen Sinnen. * Ja, es kann Nichts Etwas riechen, außer in wie fern es das Vermögen, (durch den Geruch,) zu empfinden hat. Eben dieses ist auch schon deswegen offenbar; weil we-der das Licht und die Finsterniß, noch der Ton und der Geschmack auf die Körper wirken; wohl aber diejenigen Körper, in welchem diese Eigen-schaften sind; so zerspaltet die Luft des Donners das Holz, (nicht das Krachen desselben.) — Die fühlbaren und schmeckbaren Gegenstände aber (als Gegenstände,) afficiren. Denn wenn das nicht wäre, wovon würden die unbelebten Gegen-stände leiden und verändert werden? — Folglich wirken, (afficiren) empfindbare Gegenstände, und der Körper überhaupt leidet nichts vom Geruche und vom Tone (sondern vom Riechbaren und Sonoren.) — Dasjenige aber, was (von die-fen)

* Folglich kann kein empfindbarer Gegenstand empfunden werden, außer das Empfindungs-organ kann von demselben afficirt werden.

fen) leidet, (das Medium derselben,) ist unbe-
gränzt und nicht bleibend, (sondern fließend,)
wie die Luft; * Denn sie, (die Luft,) riecht,
als Etwas, das sich leidend verhalten hat; (das
den Geruch von anderen Körpern herbekommen
hat, um ihn bis zum bestimmten Sinnorgan
fortzupflanzen.)

Was ist das Riechen anders, als ein gewißes Leiden? — Denn es ist ein Empfinden.
Die Luft aber, die schon leidet, (in der also schon
fremde Theilchen sind,) wird sehr leicht empfindbar; (wegen der in ihr befindlichen Theilchen.)

Ue-

---

* Und pflanzt die riechbaren Theilchen bis zum
Geruchsorgan, welcher das Riechbare schon
dem Vermögen nach enthält, fort; folglich empfindet nicht die Luft, noch ein anderer Gegenstand außer dem Sinnorgane.

Ueber die Seele

vom

Aristoteles.

Drittes Buch.

Erstes Hauptstück.

Daß es außer diesen fünf Sinnen, keinen äuseren mehr gebe, und daß das, allen Sinnen gemeinschaftlich zukommende, kein eigenes Sinnwerkzeug habe.

Daß es außer den fünf Sinnen, dem Gesichte nemlich, dem Gehöre, dem Geruche, dem Geschmacke und dem Gefühle, keinen anderen äußeren Sinn mehr gebe, wird wohl jedermann aus dem Gesagten für wahr annehmen können. Wenn wir vom jedem Dinge, das durchs Gefühl empfunden wird, schon itzt eine Empfindung haben, (weil jeder Sinn, mithin auch das Gefühl, das ihm eigenthümlich Zukommende empfindet;) —

Denn

Denn das Afficirtwerden von jedem empfindbarem
Gegenstande, in so fern er empfindbar, (und für
den Sinn des Gefühls eigenthümlich ist,) ist
auch für uns, vermittelst des Gefühls empfindbar; — so folgt nothwendig; daß wenn uns noch
eine gewiße Empfindung mangelte, uns auch ein
gewißes Sinnorgan, (vermittelst dessen man jene
Empfindung aufnehmen könnte,) mangeln
würde. *

Diejenigen Gegenstände, die wir fühlend,
(unmittelbar,) empfinden, sind für uns durchs
Gefühl, mit dem wir versehen sind, empfindbar.
** Diejenigen aber, die wir vermittelst der
Medien; nicht aber vermittelst einer unmittel-
baren Berührung, empfinden, sind für uns
durch elementarische Zwischenräume empfindbar,
z. B. durch Luft und Wasser, (wie die riechbaren, hörbaren und sichtbaren Gegenstände.) Die
Sache verhält sich aber so, daß, wenn durch ein
Intervallum, viele der Gattung nach, verschie-
bene Gegenstände empfindbar sind, es nothwendig
geschehe, daß derjenige, der ein solches (für dieses
Inter-

---

* Alles, was den Sinnen eigenthümlich und gemeinschaftlich zukommt, ist durch die fünf Sinne empfindbar. Da nun außer diesen nichts
empfindbar ist, so giebt es auch außer diesen
Sinnen nichts anderes, das ein Sinneswerk-
zeug genennt werden könnte. — Und wenn wir
eine andere Empfindung hätten, so müßten wir
auch ein anderes Sinnorgan haben.
** Wie die fühlbaren und schmeckbaren Gegenstände.

Intervallum, und mithin für jene, der Gattung nach, unterſchiedene Gegenſtände empfäng-
liches,) Sinnorgan hat, auch das Vermögen habe, beyde Gegenſtände, (die, welche bloß für dieſes Sinnorgan beſtimmt empfindbar ſind, und
jene, welche zwar nicht eigentlich für dieſes
Sinnorgan gehören, aber dennoch durch das
nemliche Medium empfindbar werden,) zu empfinden. Wie z. B. bey dem Sinnorgane, welches durch die Luft empfindet, die zugleich das
Medium des Tons und der Farbe iſt. Wenn
aber ein und daſſelbe Objekt mehrere Media hat,
wie die Farbe, welche durch die Luft und das
Waſſer empfindbar iſt, weil beyde durchſichtig ſind,
ſo wird derjenige, der nur eins von dieſen Medien
um ſich hat, eben dasjenige empfinden, was er
durch beyde empfinden könnte. *

Die Media der Sinnorgane beſtehen einzig
aus dieſen zwey Elementen; der Luft und dem
Waſſer nemlich. Denn der Augapfel iſt aus Waſſer; das Weſen des Gehörs iſt Luft, des Geruchs
eines von dieſen beyden. Das Feuer iſt entweder
bey keinem Sinne, oder kommt allen gemeinſchaft-
lich zu; weil alles Empfinden nicht ohne Wärme
geſchieht. — Die Erde kommt entweder in keinem
Sinne vor, oder ſie iſt größtentheils dem Gefühle
bey-

---

* Ariſtoteles will hier lehren, daß auch in Anſehung des Mediums alle Empfindungen in den
fünf Sinnen begriffen ſind; denn außer den
bekannten Medien, giebt es keine, durch welche wir von Außenher empfänden.

beygemischt. (Vom Feuer und Erde ist die Sache zwar, in so ferne zweifelhaft; gewiß aber, daß sie keine Media sind, vermittelst derer man empfindet.) Daher bleibt nichts, was ein Medium der Sinnorgane wäre, als Wasser und Luft. — Aber auch die Thiere, (welche nemlich vollkommen sind, und als solche alle fünf Sinne haben,) — haben dieselben Media. Mithin haben jene Thiere, welche vollkommen und unverstümmelt sind, alle diese Empfindungswerkzeuge. Denn es scheint, daß auch selbst der Maulwurf unter der Haut Augen habe.

Da es nun keinen anderen Körper, kein anderes Afficirtwerden von Außen giebt, als welches durch die Körper, welche die Media der fünf Sinne sind, empfunden werden kann, so kann nicht ein einziges Empfindungswerkzeug mangeln. *

Es

---

* Viele Commentatoren weißen hier den Aristoteles zu rechte: daß es nemlich, nach seiner eigenen Erklärungsart nicht fünf, sondern sechs Sinne gebe; worinn wir ihnen auch beistimmen. Denn, so wie das Gefühl des Geschmacks ein eigener Sinn ist, weil dessen Empfindung auf einen gewissen Theil, auf die Zunge nemlich eingeschränkt ist; also ist auch das Gefühl fürs andere Geschlecht auf die Schamtheile eingeschränket; und muß daher mit ebendemselben Rechte für einen eigenen Sinn angesehen werden; den man den Geschlechts- oder Generationssinn nennen könnte.

Es giebt aber auch eben so wenig, für das,
allen Sinnen Gemeinschaftliche, ein sechstes Sinnorgan; welches, (Gemeinschaftliche,) wir sodann
mit jedem der fünf Sinne, als zufällig empfänden;
desgleichen sind: die Bewegung, die Stätigkeit,
die Figur, die Größe, die Zahl, die Einheit.
Denn alle diese, (gemeinschaftliche Eigenschaften,) empfinden wir vermittelst der Bewegung.
So empfinden wir die Größe durch Bewegung;
desgleichen die Figur, weil sie eine gewiße Größe
ist; und die Stätigkeit wegen der Nichtbewegung;
die Zahl, vermitttelst der Gränzbestimmung des
Continui und durch ihre eigene fühlbare Gegenstände; denn jeder Sinn empfindet die Einheit,
(aus denen sodann die Zahl entsteht.) — Daher wird es offenbar, daß es nicht einmal möglich
ist, daß wir einen eigenen Sinn für dieses —
(Gemeinschaftliche) haben, wie z. B. einen Sinn
für die Bewegung. Denn, wenn das wäre,
so wäre (die Empfindung dieses Gemeinschaftlichen,) eben so zufällig, als, (es zufällig ist,
wenn) wir ißt auch durch das Auge das Süße
empfinden. Dieß geschieht aber deswegen, weil
wir von beyden Empfindung haben, (vom Süßen im Geschmacke, und von der Farbe desselben im Gesichte,) und dann, wenn beyde zusam-
mentreffen, (wie hier das am Geschmacke Süße,
auch vom Gesichte der Farbe nach empfunden
wird,) sie erkennen. Und wenn es nicht so wäre (wenn wir das Gemeinschaftliche nicht zugleich in und mit anderen empfindbaren Gegenständen, wie das Süße hier im Gesichte und

im

im Geſchmacke, empfänden,) ſo würden wir es
dennoch nicht anders, als auch als Etwas Zufälliges empfinden, wie z. B. Kleons Sohn, den
wir nicht als Kleons Sohn, ſondern, weil er
weiß iſt, durch die Empfindung erkennen würden.
Denn, daß er ein Sohn Kleons iſt, hienge nur
als Etwas Zufälliges der weißen Farbe an.

Allein, wir haben für das Gemeinſchaftliche,
eine gemeinſchaftliche Empfindung; (es wird in
allen fünf Sinnen empfunden) nicht aber als
für Etwas, das bloß zufällig wäre? ſondern als
für Etwas, das jedem einzelnem Sinne für
ſich, folglich allen eigenthümlich zukommt.)
Daher giebt es für daſſelbe keinen eigenen Sinn.
— Denn wir würden dann nicht anders empfinden, als wir, wie wir erſt ſagten, Kleons Sohn
ſehen. *

Die Sinne empfinden das ihnen eigenthümlich Zukommende gegenſeitig nur als Etwas Zufälliges. Nicht, weil ſie ſelbſt Empfindungen haben, ſondern, weil ſie ein einzelner Sinn ſind,
im welchem nemlich, (zufälliger Weiſe,) zugleich
dieſe Empfindung entſteht; z. B. daß die Galle
bitter und gelblich iſt; (jenes Empfinden wird
durch den Geſchmack, dieſes durch das Geſicht.)

Es

---

* Wir würden ihn bloß der Farbe nach bemerken, und vermittelſt des Auges zufällig wahrnehmen, daß er Kleons Sohn iſt.

Es iſt keiner von beyden (Sinnen,) der da beſtimmt, daß beyde (das Bittere und Gelbe)
Eins (die Galle) ausmachen. (Weil nur ein
jeder Sinn das Seinige anſchaut.) Daher irrt
der Geſchmack, wenn er die Galle für Etwas
gelbliches zu erklären glaubt (Weil der Geſchmack
darüber nicht urtheilen kann.) *

Es wird aber jemand fragen, warum wir
mehrere Sinne, und nicht lieber einen einzigen haben? — daß dadurch das allen Sinnen Gemeinſchaftliche und ſie Begleitende, wie z. B. die Bewegung, die Größe und die Zahl, eben nicht ver-
mißt würden. — (Weil auch dieſer einzige Sinn
dieſe gemeinſchaftlichen Empfindungen hätte.)
Wenn es das einzige Geſicht gäbe, und mithin
die einzige Empfindung des Sichtbaren, (λευκε)
ſo würden wir weit mehr Empfindungen vermiſſen,
und alles würde uns das Nemliche zu ſeyn ſcheinen. Weil Farbe und Größe einander gegenſeitig
begleiten würden; — (und man alſo nicht im
Stan-

---

* Folglich iſt es richtig, daß jeder einzelne Sinn
  nur das Seinige anſchaue, und daß alſo ein
  anderer, nemlich ein innerer Sinn, dazu gehöre, wenn man zweierlei Empfindungen, als
  in einem Weſen enthalten, beurtheilt; nicht
  aber ein gemeinſchaftlicher äuſerer Sinn, welcher dieſes Geſchäfte nie haben könnte, weil
  wir ſonſt zufällig, das, jedem und allen Sinnen eigenthümliche empfänden, das doch der
  Erfahrung nach, nicht geſchieht.

Stande wäre beyde von einander zu unterschei=
den. Denn die Zeitfolge allein macht uns fähig,
einen jeden Gegenstand auf seinem Ort zu stellen,
und sie auf solche Weise von einander zu unter=
scheiden; mithin müssen wir mehrere Sinne ha=
ben.) Itzt aber, da die gemeinschaftlichen Ei=
genschaften in einem anderem empfindbarem Gegen=
stande angetroffen werden, als die sind, welche
bloß für gewiße Sinnorgane sind,) so wird da=
durch angezeigt, daß ein Jedes von ihnen Etwas
anderes (und mithin von denen, den einzelnen
Sinnen, Eigenthümlichen unterschieden) sey.

Da wir empfinden, daß wir sehen und hören,
so ist es nothwendig, daß wir entweder durchs
Gesicht empfinden, daß wir sehen, oder vermit=
telst eines anderen Sinnes. — Allein dieser Sinn
wird eben derselbe für die Gesichtshandlung, und
für die ihm unterliegende Farbe seyn. — Daher
werden entweder zwey Sinne von einem Objecte
seyn; * oder er (der Sinn) empfindet sich selbst
(seine eigene Empfindungshandlung.) Wenn
es überdieß einen anderen Sinn fürs Gesicht gäbe
(das Nemliche kann auf alle übrige Sinne an=
gewendet werden) so müßten wir entweder ins
Unendliche fortschreiten (denn auch dieser Sinn
müßte wieder von einem anderem empfunden

M   wer=

---

* Der eigenthümliche Sinn des Objekts und der=
jenige Sinn, der die Handlung des empfinden=
den Sinnes empfindet.

werden, welches in einer unendlichen Reihe nicht
möglich ist;) oder er empfindet sich selbst, und
dieses muß lieber gleich der nächste, (eigene,)
Sinn thun.

Hier entsteht aber folgender Zweifel: mit dem
Gesichte empfinden ist nichts anderes, als sehen;
man sieht aber nur die Farbe oder das Gefärbte;
(nun ist aber der Actus des Sehens weder ei=
ne Farbe, noch Etwas, was Farbe hat;) folg=
lich ist gewiß, daß, wenn derjenige das Sehen
sieht, auch dasjenige Farbe haben werde, (die
Form der Farbe annehmen werde) was als das
Oberste sieht (was die Gefühlshandlung em=
pfindet. Demnach ist es offenbar, daß es nicht
Eins und dasselbe ist, was die Gesichtshandlung,
(und die Objecte der Gesichtswerkzeuge) em=
pfindet. Denn wir unterscheiden mittelst des Gesich=
tes die Finsterniß vom Licht, ohngeachtet wir er=
stere nicht sehen, nur nicht auf die nemliche Art;
(mit der man die Gesichtshandlung vom Sehen
unterscheidet.) *

Ue=

---

* Sehen und mittelst des Gesichtes unterscheiden
ist nicht eins; weil man Dinge unterscheidet,
die man nicht sieht z. B. die Finsterniß. Folg=
lich könne man auch den Aktus des Sehens un=
terscheiden, obschon man ihn nicht sieht. —
Allein nicht durch das Gesicht selbst, weil es
nur die Form der Farbe annehmen kann; die
Gesichtshandlung aber keine Farbe hat.

Uiberdieß scheint das Sehende gleichsam mit einer Farbe, (von den empfindbaren Gegenständen) bezeichnet zu werden. Denn jedes Sinnorgan hat das Vermögen, das Empfindbare ohne alle Materie zu empfangen. Daher, wenn man alles Empfindbare (die Materie desselben) wegnimt, so bleiben dennoch in den Sinnorganen desselben Empfindungen und Bilder zurück. (Welches bei der Empfindung der Gesichtshandlung, die keine Farbe ist, nicht geschehen kann. —

Die Handlung des Empfindbaren und die Empfindung (wenn beyde wirklich geschehen) sind zwar das Nemliche und ein und eben dasselbe; jedoch ist ihr Seyn von einander verschieden. So sagen wir: ein wirklicher Ton und ein wirkliches Gehör (das Erste in Ansehung des Objects, das Zweyte in Ansehung des Subjects.) Denn es geschieht, daß derjenige, der ein Gehör hat, nichts hört; (wenn er nemlich von Außen nicht afficirt wird) und dasjenige, was einen Ton hat, nicht immer ertönt. — Wenn aber derjenige, der hören kann, wirklich hört, und dasjenige, was ertönen kann, wirklich ertönt, dann entsteht ein wirkliches Gehör und ein wirklicher Ton; von denen man das Eine, das Hören, und das Zweyte, das Ertönen, nennen kann.

Wenn die Bewegung, das Wirken und Leiden in dem sind, was in Thätigkeit gesetzt worden ist; so ist es nothwendig, daß auch der wirkliche Ton und das wirkliche Gehör schon in dem

m 2   sind

sind, was dieses Vermögen schon in sich enthält. Denn die Wirkung des Wirkenden und Bewegenden geschieht in dem, welches leidet. Daher ist es nicht nothwendig, daß das Bewegende bewegt werde. Folglich ist die Wirkung des Ertönenden der Ton oder das Ertönen; und die Wirkung des Hörenden das Gehör oder das Hören. Uibrigens ist das Gehör und der Ton zweyfach. * Das Nemliche gilt auch von anderen Sinnen, und sinnlichen Gegenständen. — So wie das Wirken und Leiden nicht im Wirkendem, sondern im leidendem Gegenstande ist, so ist auch die Wirkung des Empfindbaren im Empfindendem. In einigen haben wir Worte, sie (diese zweyerley Bedeutungen) auszudrücken, wie z. B. Ertönung und Hörung; in einigen aber fehlen uns Worte für eins von beyden. Der Actus des Gesichts wird die Sehung genannt; der Actus der Farbe aber hat keine Benennung. — Der Actus des Geschmackes heißt die Schmeckung; der Actus des Schmeckbaren aber ist ohne Bedeutung. **

Da

---

* Je nachdem man nemlich auf ihr Vermögen, oder auf die Kraftäuserung Rücksicht nimmt.

** auch im Deutschen haben wir keine Worte diese Handlungen auszudrücken: denn die Worte, Sichtbarkeit und Schmeckbarkeit, drücken noch nicht die Handlung des Sicht- und Schmeckbaren aus.

Da der wirkliche Actus des Empfindbaren, und Empfindenden Eins und das Nemliche ist, obschon in Ansehung ihres Seyns ein Unterschied Statt findet, so folgt nothwendig, daß Eins mit dem Anderem vergeht, und Eins mit dem Anderem besteht; wie z. B. das Gehör und der Ton, die Schmeckbarkeit und der Geschmack; und auf gleiche Weise der Actus des Empfindbaren und die Empfindung in übrigen Sinnen. * Diejenigen aber, welche bloß ihrem Vermögen nach also, (Empfindung oder Empfindbar) genennt werden, brauchen nicht nothwendig mit einander untergehen oder zu bestehen. - **

Die alten Naturforscher, *** haben aber nicht richtig gesprochen, wenn sie glauben, daß Etwas, ohne Gesicht, weder weiß noch schwarz seyn könne; und daß ohne Geschmack nichts schmeckbar wäre. Denn sie haben zum Theile recht, zum Theile nicht recht; weil die Bedeutung der Empfindung und des Empfindbaren zweyerley ist; denn sie heißen so, als Vermögen oder als wirkliche

Hand-

---

  * Denn, sobald kein wirkliches Gesicht da ist, so kann für uns nichts wirklich sichtbares da seyn; und sobald nichts da ist, was wirklich sichtbar ist, so können wir auch nicht wirklich sehen. Das nemliche gilt von übrigen Sinnen.

  ** Das, was sichtbar seyn kann, geht deswegen noch nicht mit dem Gesichte zu Grunde, oder besteht mit demselben.

  ***Unter denen Demokritus oben an steht. Siehe das 3te Buch der Metaphysik.

Handlung. Wenn man sie in letzter Bedeutung nimmt, so geschieht es allerdings so, allein in ersterer nicht. Sie aber sprechen von diesen Dingen gerade zu, (ohne Unterscheidung,) von denen nicht so geradehin gesprochen werden sollte.

Da der Einklang, (die Zusammenstimmung) immer doch eine gewiße Stimme ist; die Stimme aber und das Gehör Eins und eben dasselbe, (in Ansehung der wirklichen Handlung; in Ansehung der möglichen aber,) nicht Eins und eben Dasselbe sind, und der Einklang mehrerer (die Zusammenstimmung) ein gewißes Verhältniß, (eine gewiße Proportion) ausmacht, so folgt nothwendig, daß auch das Gehör ein bestimmtes Verhältniß habe (über oder unter welchen es kein Gehör gebe, oder wenigstens mit Verletzung des Sinnorgans falsch gehört werde.) Daher kommt es, daß jedes Uibermäßige im Tone, sowohl in der Höhe als Tiefe, das Gehör verletze; — daß auf gleiche Weise, (durch das Uibermäßige) im Schmecken der Geschmack, im Farben z. B. das zu stark Schimmernde und die zu tiefe Finsterniß das Gesicht; und im Riechen das zu heftig riechbare, sowohl im Süßen (Angenehmen,) als Bitterem (Unangenehmen) den Geruch zerstöre; als ob jeder Sinn schon sein bestimmtes Verhältniß habe. Daher sind diejenigen Gegenstände, die auf die Sinne wirken, angenehm, wenn sie aufrichtig und unvermengt in das Verhältniß des Sinnes passen; wie z. B.

das

das Pikante, das Süße, das Salzigte. Denn
dann sind sie angenehm, (weil sie das bestimmte
Verhältniß des Sinnes nicht überschreiten) Allerdings ist der Zusammenklang (die Einstimmung)
mehr Etwas zusammengesetztes (von Tönen) als
ein heller oder tiefer Ton. * Das Gefühl aber
liebt dasjenige, was eine (verhältnißmäßige)
Wärme und Kälte hat. Da aber der Sinn in
einem bestimmten Verhältniße besteht, so verursacht das Uiberschreitende einen Schmerz oder zerstört den Sinn.

Zweites Hauptstück.

Vom innerem Sinne. **

Eine jede Empfindung ist die Empfindung eines
unterliegenden sinnlichen Gegenstandes. Sie ist in
ihrem Sinnorgane, in so fern es ihr Sinnorgan
ist

---

* Wenn nun diese Töne die gehörige Proportion
zu ihrem Sinne haben, so ist die Einstimmung
die ganze Musik angenehm.

** Nach dem Griechischen sollte es heißen: vom
gemeinschaftlichem Sinne. Nach der Aufklärung, die die nunmehrige Philosophie durch die

ist, und unterscheidet die Verschiedenheiten des unterliegenden sinnlichen (ihm eigenthümlich zukommenden) Objekts; wie z. B. das Gesicht das Weiße und Schwarze; der Geschmack das Süße und Bittere, und die übrigen Sinne ihre Gegenstände ebenfalls unterscheiden.

Da wir aber das Weiße, das Süße und jedes einzelne Empfindbare mit Einzelnen anderer Sinne vergleichen, und durch Etwas ihren Unterschied empfinden, so folgt nothwendig, daß es durch Empfindung geschehen müße, weil es lauter empfindbare Gegenstände sind.

Daher wird es offenbar, daß das Fleisch, (nach der gewöhnlichen Sage) nicht das letzte Sinnorgan seyn könne. * Denn es müßte nothwendig obige Unterschiede durch's Fühlen unterscheiden. ** Es kann also wohl nicht geschehen,

daß

Werke eines Kants, Reinholds und anderer zu ihrem unvergänglichem Glücke erlitt, würde dieser Ausdruck unbestimmt und schwankend seyn. Ich habe es durch inneren Sinn übersetzt; weil auch wirklich hier von ihm die Rede ist.

* Denn das Gefühl wäre noch das Einzige, was obige Verschiedenheiten unterscheiden könnte; weil es allen Thieren gemeinschaftlich zukömmt, und alle Sinne gewißer Maßen auf's Gefühl reducirt werden können.

** Welches nicht geschieht, weil wir z. B. das Weiße, das Helltönige u. s. w. nicht fühlen;

daß von einander getrennten Sinnen beurtheilt werden könnte, daß das Süße und Weiße
von einander unterschieden sind; (weil jeder Sinn
nur das Seinige anschaut, mithin andere empfindbare Gegenstände gar nicht erkennt;) sondern es müssen einem und demselben Sinne, (der
diesen Unterschied bestimmt) alle beyde Empfindungen bekannt seyn. Denn auf jene Weise wenn
ich das Eine, (das Weiße,) du das Andere,
(das Süße) empfändest, so würden wir freylich
wohl erfahren können, daß beyde von einander
unterschieden sind. * Allein es ist nothwendig,
daß Etwas einzelnes aussage, daß beyde von ein-
einander unterschieden sind. Denn das Süße ist
vom Weißen unterschieden. Folglich sagt Etwas
in uns, (das Nemliche aus,) bestimmt diesen
Unterschied. — Daher denkt, (verknüpft der innere Sinn das Mannigfaltige zur Einheit,)

und

und weil das Gefühl, als ein eigener Sinn
nur die seinigen Gegenstände anschaut.

* Wenn also bloß die Erfahrung Anderer und
die meinige jenen Unterschied anzeigten, und
nicht Etwas in uns wäre, was ihn beurtheil-
te, so wäre dieser Unterschied nach Verschiedenheit der Menschen und ihrer Erziehung und Lage, äußerst schwankend; ja, da das Vermögen
nach unserem Bewußtseyn, dennoch in uns angenommen werden muß, und obige Art sich gar
nicht denken läßt: so sehen wir, daß Etwas
in uns ist, was die einzelnen sinnlichen Eindrücke vergleicht und beurtheilt.

und empfindet es auch eben so, (und ist sich der Empfindung eben so bewußt,) wie es diesen Unterschied ausspricht. * Folglich ist es offenbar, daß es nicht möglich ist, daß unterschiedene, (von einander getrennte,) Sinne unterschiedene (von ihnen getrennte, empfindbare) Gegenstände unterscheiden können; ** daß sie aber auch eben so wenig in verschiedener, (merklich getrennter) Zeit unterschieden werden, wird eben daher offenbar. — Denn, wie eben dasselbe, (der innere Sinn, zu einer und derselben Zeit) sagt; daß gut und böse von einander unterschieden seyn; eben so bestimmt es schon, daß das Andere unterschieden ist, wenn es das Erstere für Etwas anderes erklärt; allein, nicht, als ob die Zeit zufällig wäre. Wie z. B. wenn ich itzt sage, daß Etwas unterschieden ist; nicht aber zugleich sagte: daß es itzt unterschieden ist; *** sondern dieses Etwas in uns (dieser innere Sinn) spricht itzt so,

da-

---

* Wie es nur allein für sich diesen Ausspruch thut also muß es auch für sich, auf eigene Art, das Mannigfaltige der äuseren Anschauungen zur Einheit verknüpfen und sich derselben bewußt seyn.

** Weil nur ein jeder Sinn unmittelbar das Seinige anschaut; und nur Etwas Inneres, — der innere Sinn nemlich, — die äuseren Anschauungen von verschiedenen Sinnen, als Etwas Mannigfaltiges verknüpft und zur Einheit bringt.

*** Ich hätte z. B. einen Löwen vor einiger Zeit gesehen, nun sehe ich wieder einen. Ich sage

damit es aussage: daß der Gegenstand auch itzt so ist. Es sind also beyde zugleich, (er urtheilt also von beyden Gegenständen zugleich.) *
Daher sind sie, (Diese Gegenstände,) unzertrennt, und werden in einer unzertrennten Zeit unterschie-
den. **

Allein, es ist ja unmöglich, daß das nemliche Unzertheilbare in unzertheilbarer Zeit von entgegengesetzten Bewegungen, bewegt werden könne.
*** Denn das Süße wirkt auf den Sinn, oder
auf den Verstand so; das Bittere auf eine ganz
entgegengesetzte Art, und das Weiße auch wieder
auf eine andere Art. Ist wohl vielleicht dasjenige, dem diese Beurtheilung zukommt, (der innere
Sinn) der Zahl und der Zeit nach zwar unzertrennbar; seiner Art zu seyn nach aber zertrennbar

---

nun: daß dieser von jenem unterschieden ist.
So urtheile ich bloß zufällig in Ansehung auf
meine Erinnerungs und Einbildungskraft; aber
nicht in Ansehung auf die Gegenstände selbst.
* Wenn man z. B. urtheilt, daß der Gegenstand
itzt zugleich süß und weiß ist.
** Der innere Sinn apprehendirt zwey wirkliche
Anschauungen, welche, nachdem die Funktion
des inneren Sinnes geschehen ist, nachdem das
Mannigfaltige zur Einheit verknüpft ist, Eins
a's Gegenstand und Eins, in Ansehung der Zeit
sind.
*** Daß der Sinn, als Etwas unzertheilbares, in
der nemlichen Zeit, von entgegengesetzten Empfindungen afficirt werden könne.

bar? — * Es empfindet theils als zertrennbar, das Trenubare; theils, als unzertrennbar das Untrennbare. Denn, der Art zu Seyn nach ist es zwar theilbar; ** dem Ort, der Zeit und der Zahl nach aber unzertheilbar. — Kann das etwa nicht seyn? — Denn es ist ein und eben dasselbe dem Vermögen nach theilbar und untheilbar, und zu gleicher Zeit entgegengesetzt; *** der wirklichen Existenz nach aber nie. Denn es ist dann, weil es wirklich leidet, theilbar. Weder kann z. B. Etwas zugleich, (wirklich) weiß und schwarz seyn. Daher kann weder dieser (innere) Sinn, oder der Verstand, (in weitester Bedeutung) wenn sie Etwas solches sind, (wenn sie als wirklich handelnd betrachtet werden) die Formen derselben (von zweyerley Anschauungen) aufnehmen.

Allein es ist so, wie in dem, was einige einen Punct (im Zirkel) nennen. Denn er ist entwe-

---

* Wie der Mensch der Zahl und der Zeit nach ein einzelner unzertheilbarer Mensch; der Art zu seyn nach aber verschieden ist; je nachdem er im Zustande des Wirkens oder der Unthätigkeit ist; je nachdem er gebildet oder ungebildet ist.

** In so fern es nemlich auch entgegengesetzte Empfindungen vergleicht.

*** Wie z. B. das Wasser, welches seinem Vermögen nach warm und kalt seyn kann; so kann auch das Holz getheilt oder ungetheilt seyn.

weder ein einziger, (wenn ich ihn als das Cen=
trum d.s Cirkels betrachte;) oder es sind ihrer
zwey; (wenn ich mir den Cirkel voller Radien
denke; wo sodann zwey Puncte da sind, wel=
che den Radius begränzen: der Punct im Cen=
tro und der Punkt in der Peripherie.) — Im
letztem Falle ist er zertheilbar; (weil er nicht mehr
ein einziger ist.) In so ferne dasjenige, was
obigen Unterschied wahrnimmt (der innere Sinn)
unzertheilbar ist; (in so fern man den inneren
Sinn als Einheit des Mannigfaltigen, folg=
lich schon, als vollendete Function betrachtet;)
in so ferne ist es eine Einheit und existirt zu glei=
cher Zeit. In so fern es aber theilbar ist; (in
so fern man den inneren Sinn, als das Man=
nigfaltige, was erst verknüpft werden soll,
betrachtet;) ist es nicht eine Einheit; weil es sich
zu gleicher Zeit, (wie im Cirkel) zweymal des
nemlichen Punctes bedient (weil es das Man=
nigfaltige verknüpft.) In so ferne der innere
Sinn (gleichwie im Cirkel) zwey Puncte betrach=
tet (das Mannigfaltige aufnimmt) beurtheilt
er nach den Enden des Radius zwey Gegenstände,
(das Mannigfaltige) und sind also, als von unter=
schiedenen Gegenständen herkommend, unterschieden.
In so fern er aber Einheit ist (in so fern er als
Einheit des Mannigfaltigen betrachtet wird)
beurtheilt er Eins und zwar zu gleicher Zeit. *

Auf

* Dieser Sinn kann als Einheit und Vielheit be=
trachtet werden; als Vielheit, in so fern er

Auf diese Art mag also vom Princip abgehandelt worden seyn, vermög welchen wir ein Thier,
ein empfindendes Thier nennen.

Drittes Hauptstück.

Daß Empfinden und Denken nicht einerley
ist.

Da die Alten die Seele größtentheils nach zweyerley unterschiedenen Merkmalen bestimmten; nach
der Bewegung nemlich im Raume; und nach dem
Vermögen zu denken, zu urtheilen und zu empfinden; so scheint ihnen das Denken und Urtheilen
gleichsam ein gewißes Empfinden zu seyn. Denn
mit beyden urtheilt die Seele über wirkliche Gegenstände und lernt sie kennen.

Denn

verschiedene äusere Anschauungen aufnimmt,
und als Einheit, in so fern er diese Verschiedenheiten verknüpft hat — Uebrigens überlese
man dieses Hauptstück noch einmal, wenn man
das unten folgende: über die doppelte Wirksamkeit des Verstandes „ — überlesen haben
wird.

Denn die Alten sagten: daß Denken und Empfinden einerley sey. Wie (z. B.) Empedocles
behauptete: die Kenntniße der Menschen wachsen
durch die Gegenwart; (durch die Sinne, weil
diese nur von Gegenwärtigen, Eindrücke aufnehmen) Und in anderen Orten: eben deswegen
stellt uns die Denkkraft immerwährend verschied-
nes vor. Das nemliche meynt Homer mit diesen
Worten: Die erdichten Menschen haben ein Gemüth, wie es der Vater der Götter und Menschen alltäglich (durch die Erfahrung, d. i. durch
die Sinne) leitet. — Alle diese Männer nehmen
das Denken, so wie das Empfinden für Etwas
Körperliches an; und glauben, daß nur Gleich
und Gleich empfinde und denke, wie wir schon
oben sagten, (und widerlegten.)

Sie, (die Alten) hätten doch auch vom Irrthum handeln sollen. Denn Irren ist den Thieren mehr eigen, und ihre Seele bringt mehr Zeit
mit ihm zu, (als mit der Wahrheit) Daher ist
es (nach ihrer Meynung) nothwendig, daß entweder alle Erscheinungen, wie einige meynen,
wahr sind; weil nur Gleich und Gleich empfinden und daher nie ein Irrthum statt findet;)
oder daß der Irrthum darinn bestehe, wenn Etwas Ungleiches berührt wird. Aber eben dieses
ist dem Satze: daß nur Gleich und Gleich sich
(richtig) erkenne (und folglich berühre) entgegengesetzt. Auch schient dann der Irrthum und die
Erkenntniß des Entgegengesetzten einerley zu seyn.

Es ist also offenbar, daß Empfinden und Denken nicht einerley sind. Denn jenes kommt allen Thieren zu, dieses aber nur einigen von den Thieren.

Im Denken, denken wir entweder richtig oder unrichtig. Das richtig Gedachte ist Weisheit, Wissenschaft, oder eine wahre Meynung. Das unrichtig gedachte aber ist das Gegentheil von diesen. Es kann also nie das Nemliche seyn, was das Empfinden ist. Denn die Empfindung des, seinem Sinne eigenthümlich Zukommenden, ist beständig wahr, und allen Thieren gemeinschaftlich. Allein denken kann man auch falsch.

Denken kommt noch dazu Niemanden zu, als denjenigen, die Vernunft haben. Denn die Einbildungskraft ist Etwas anderes, als Empfindung und Vernunftgebrauch. Sie kann nicht ohne Empfindung seyn. Ohne sie (der Einbildungskraft) aber giebt es keine Wahrnehmung (υποληψις Apprehension der Anschauungen.) *Daher ist es offenbar, daß die Einbildungskraft und die Wahrnehmung (Apprehension der Anschauungen,) nicht einerley

---

* Einbildungskraft ist das Band zwischen Sinnen und Verstande, und das Vermögen, das Mannigfaltige der Anschauung zu verbinden, zusammenzufassen, und zu Reproduziren. Siehe Kants Kritik der reinen Vernunft.

ley sind; denn jene Eigenschaft steht in unserer Willkühr; weil wir unseren Augen eben so gut, als jene, die die Gedächtnißkunst treiben, Bilder vorstellen und vormachen können. * — Wahrnehmen aber ist nicht in unserer Gewalt; denn wir müssen nothwendig Etwas, als wahr oder falsch, wahrnehmen; (Wir können bloß die Anschauungen so apprehendiren, wie wir sie durch die Sinnlichkeit empfangen.) — Uiberdieß empfinden wir sogleich in uns einen Schmerz, sobald wir meynen: daß uns ein Uibel oder sonst Etwas Fürchterliches bevorsteht; und auf gleiche Weise (empfinden wir schon im Voraus ein Vergnügen,) wenn wir bedenken, daß uns Etwas erwünschtes bevorsteht. — In der Einbildungskraft aber; wenn wir uns nemlich eben dasselbe bloß vorbilden, werden wir eben so afficirt, als ob wir ein Gemählde von einem solchem Uibel oder von so Etwas Erwünschten betrachteten. (Wir stellen uns die Sache vor, ohne so stark, als durch wahrscheinliche Meynung, gerührt zu werden.)

N   Es

---

* Die Alten hatten gewisse Menschen, welche herumreisten, und die Kunst des Gedächtnisses, (sich alles merken zu können) — zu lehren vorgaben. Sie scheint darinn bestanden zu haben, daß sie für alle menschliche Begriffe und Erkenntnisse, Bilder nach einer gewissen Ordnung und in bestimmten Arten, festsetzten, vermittelst derer sie sich alle Angelegenheiten nicht nur tiefer eindrückten, sondern auch leichter wieder erneuern konnten.

kraft. Mit dem Meynen ist der Glaube, mit diesem das Uiberredtseyn in engster Verbindung; nun kann aber die Vernunft nur überreden; die Einbildungskraft aber ist zwar einigen Thieren eigen, nicht aber die Vernunft. (Folglich ist die Einbildungskraft von der Meynung unterschieden.)

Es ist daher nun offenbar, daß die Einbildungskraft weder das Meynen mit der Empfindung (so daß jenes die Form, und dieses die Materie wäre,) weder das Meynen durch die Empfindung (daß jenes die Materie und diese die Form wäre) noch die Verknüpfung der Meynung mit der Empfindung sey. *

Es ist auch offenbar, daß sie (wenn sie eine Meynung wäre) keine andere wäre, als die Meynung dessen, von welchem wir zugleich Empfindung haben. So wäre z. B. die Verknüpfung der Meynung von Weißen mit der Empfindung des Weißen, die Einbildung vom Weißem; nicht aber die Verknüpfung der Meynung vom Guten mit der Empfindung vom Weißen (Sie wäre daher die Verknüpfung der Meynung von einem sinnlichen Gegenstand, mit der Empfindung von eben demselben) Durch Einbil-

---

* Jenes ist nicht statthaft, weil die Einbildungskraft sowohl von der Empfindung, als von der Meinung unterschieden ist, wie wir kurz vorher sahen; und dieses kann um so weniger Statt finden, da es im Einzelnen nicht gilt.

Viertes Hauptſtück.

Von der Einbildungskraft.

Da nun Denken und Empfinden verſchieden ſind, und das Denken nicht nur die Einbildungskraft, ſondern auch das Wahrnehmen, (Begreifen, Apprehendiren) in ſich befaßt, ſo wollen wir erſtlich von der Einbildungskraft, und ſodann vom Anderem, (von den Arten des Apprehendirens) handeln.

Wenn die Phantaſie dasjenige iſt, vermittelſt welchem in uns ein Bild, (Φαντασμα) entſteht; nicht aber, wenn wir Etwas durch Uebertragung (metaphoriſch) benennen, ſo entſteht die Frage: iſt ſie ein gewißes alleinniges Vermögen oder eine von denen Fähigkeiten, vermittelſt welchen wir (die ſämmtlichen Empfindungen) unterſcheiden (beurtheilen) und das Wahre oder Falſche wahrnehmen? — Dieſe aber ſind (innere) Empfindung (Sinnlichkeit) Meynung, Denkkraft, (Verſtand) und Wiſſenſchaft (Vernunft)

Daß die Einbildungskraft kein Sinn ſey, verſieht man ſchon daraus, weil der Sinn entweder ein Vermögen oder die wirkliche Handlung iſt; wie z. B. das Geſicht, (Vermögen zu ſehen) und die Sehung. Allein, wenn wir uns auch in keinem von beyden Zuſtänden befinden, ſo iſt doch

im-

verborgen ift. * Folglich ift die Einbildungskraft weder Eins von diesen (Sinnlichkeit oder
Meynung,) noch die Verknüpfung beyder.

Weil Etwas von Etwas Anderem in Bewegung gesetzt werden kann, was selbst schon von
Etwas bewegt würde; und die Einbildungskraft,
(ihrer Wirklichkeit nach) eine gewiße Bewegung
zu seyn scheint, welche nicht ohne Empfindung entsteht; indem sie bloß durch Empfinden, und solche
Gegenstände, die wir empfinden, geschieht; die
Bewegung aber von der wirklichen Empfindung
herrührt; welche erstere sodann, nothwendiger
Weise, der Empfindung homogen seyn muß; so
kann diese Bewegung weder ohne Empfindung entstehen, noch einem nicht Empfindendem zukommen.
** Daher kommt es, daß dasjenige, was sie
(eine

---

* Die scheinbare Größe der Sonne ist ein Bild
der Einbildungskraft, welche das von den Sinnen erhaltene Mannigfaltige zusammenfaßt. —
Die Meinung aber, daß sie größer, als die
Erde ist, ist gewiß und ganz Etwas anderes,
als die Vorstellung von dem Bilde der Sonne.
** Mithin setzt die Einbildungskraft immer Empfindung voraus. Aus allem sieht man, daß die
philosophischen Principien, welche Kant in einem, der Vernunft ganz unwiderstehlichem Lichte, der erste dargestellt, schon, gleichsam in
ihrem Keime, in den aristotelischen Büchern
enthalten sind. Denn nach ihm ist die Einbildungskraft das Band zwischen Sinne und Verstande, und das Vermögen, das Mannigfalti-

(eine solche Bewegung, eine Einbildungskraft)
hat, nach ihr, (nach ihren Einwirkungen) nicht
nur viel thue, sondern auch leide; * daß sie nicht
nur wahr, sondern auch falsch sey.

Und dieses (daß sie wahr und falsch ist)
geschieht deswegen, weil die Empfindung des, einem Sinne eigenthümlich Zukommenden (z. B.
Farbe, Ton u. s. w.) zwar wahr, oder doch äußerst wenig falsch ist (z. B. ein Irrthum in Ansehung der Farbe bey entfernten Gegenständen)
zweytens aber, die Empfindung dessen, welchen
diese (einem jeden Sinne eigends zukommende
Eigenthümlichkeiten) nur zufälliger Weise beywohnen, oft falsch seyn kann. Denn, daß Etwas weiß ist, betrügt sich das Auge nicht; ob
aber jenes, dieses oder Etwas anderes weiß sey
(vorzüglich in die Entfernung) ist betrüglich.
Drittens, weil die Empfindung des Gemeinschaftlichen den Zufälligen eben so gut beywohnt, als
das Eigenthümliche eines jeden Sinnes; wie z. B.
die Bewegung und Größe — welche dem Empfindbarem als Etwas zufälliges beykommen, worüber

---

ge der Anschauung zu verbinden, zusammenzufassen und zu reprodujiren. — Das nemliche
wird man auch in den übrigen Begriffen finden.

* Denn die Thiere handeln oft bloß nach den
Bildern der Einbildungskraft; oder, wie man
gewöhnlich, aber unrichtig sagt, sie sind sinnlich.

über allerdings die größten Täuschungen in der
Empfindung entstehen. *

Die, (auf diese drey Arten der Empfindungen) entstandene wirkliche Bewegung ist von
der Empfindung selbst unterschieden. Die erste
Art der Empfindung, wo die Empfindung (ihr
Eigenthümliches) gegenwärtig empfindet, ist wahr;
die übrigen Arten aber, wo der Sinn zugegen
und abwesend ist (wo er das Eigenthümliche und
Fremde empfindet) können falsch seyn; vorzüglich,
wenn die sinnlichen Gegenstände vom Sinne selbst
weit entfernt sind.

Da nun das itzt Hergezählte Niemandem
Anderem zukömmt, als der Einbildungskraft; und
sie selbst das ist, was wir sagten, so wird die
Einbildungskraft allerdings eine Bewegung seyn,
die von einer wirklichem Empfindung entsteht. Und
weil das Gesicht der edelste und erste Sinn ist, so
ist auch der Namen der Einbildungskraft vom
Lichte hergenommen; denn ohne Licht können wir
nicht sehen. **

Weil

---

* Da nun sowohl in Ansehung des Eigenthümlichen, als in Ansehung des Zufälligen Irrthümer entstanden, so sind auch in Ansehung des
Gemeinschaftlichen im Empfinden die größten
Täuschungen; weil das Gemeinschaftliche allen
beiden beiwohnt.

** Hier ist vom griechischen Worte Φαντασια
die Rede, welches απο τ8 Φας, vom Lichte seinen Namen hat. Das deutsche Wort Einbil-

Weil ihre Bilder immanent, und den sinnlichen Empfindungen ähnlich sind, so treiben sie
oft Thiere und Menschen zu Handlungen an; jene,
weil sie keine Vernunft haben, (die sie in ihren
Handlungen leiten könnte) und diese, weil ihre
Vernunft oft von Leidenschaften, Krankheiten,
und vom Schlafe darniedergedrückt wird (damit
sie doch auch bey diesen Umständen zu Handlungen angetrieben würden.)

Dieß sey also von der Einbildungskraft, ihrem Begriffe und ihren Gründen gesagt.

Fünf=

dungskraft, wie ein jeder von selbst sieht, ist
(etymologisch genommen) — die Kraft sich
ein Bild im Gemüthe vorzustellen; mithin ist
das Bild der Hauptbegriff, welcher gleichfalls
vom Gesichte hergenommen ist, weil wir nur
durch das Gesicht ein Bild von fremden Gegenständen erlangen können.

Fünftes Hauptstück.

Vom Verstande. *

Von demjenigen Theile der Seele, vermittelst
welchen sie erkennt und denkt; er mag entweder
der Größe nach, theilbar oder untheilbar seyn;
oder bloß dem Begriffe nach; muß man den Unterschied (von den übrigen Vermögen der Seele)
festsetzen, und sodann die Art, wie das Denken
entsteht, angeben.

Wenn das Denken eben so geschieht, als das
Empfinden, so ist es entweder ein Leiden von denkbaren

---

* Nach dem Griechischen sollte es heißen: vom
leidendem Verstande. Allein, ich glaube der
leidende Verstand ist eben das, was Kant den
Verstand nennt. Gründe dafür anzuführen,
wäre Etwas überflüßiges; weil die Sache selbst
spricht. Kenner der kantischen Critik, für die
ohnehin nur diese Uebersetzung das nächste In-
teresse hat, würden es bei Ueberlesung dieses
und des folgenden Hauptstückes ohnehin wahrgenommen haben. — Daß die Araber mit diesem Hauptstücke das dritte Buch anfangen, ist
schon in der Vorrede angemerkt worden; wo
auch die Ursache zu finden ist, warum wir ihnen in diesem Punkte nicht nachfolgen. — Uebrigens ist der Verstand überhaupt genommen,
— nach Kant — das Vermögen zu denken.

barem Gegenstande, oder doch Etwas solches. *
Es muß daher ohne Leiden seyn (in so fern man Et‐
was destruirendes darunter versteht) wohl aber
fähig, die Formen der denkbaren Gegenstände auf‐
zunehmen; und mithin ein Vermögen von der Art
(die denkbaren Gegenstände zu denken, das ist
zu apprehendiren und zur Einheit zu verknü‐
pfen;) nicht aber dieselben selbst, (die denkbaren
Gegenstände selbst;) Wie sich der Sinn zum
Empfindbaren verhält, also verhält sich auf ähn‐
liche Weise, der Verstand zum Denkbarem.

Es ist also nothwendig, daß der Verstand,
(als Vermögen zu denken) da er über alles denkt,
Etwas unvermischtes (einfaches) sey, damit er,
wie Anaxagoras sagt (gleichsam) über alles herr‐
schen könne; das ist: damit er alles erkennen kön‐
ne. Denn dasjenige, was von Innen erscheint,
hält das Fremdartige ab und drängt es zurück;
(herrscht also gleichsam in so ferne über alles) **

Daß

---

* In dem Sinne nemlich, als man unter Lei‐
den Etwas Zerstörendes versteht, ist das Den‐
ken kein Leiden; wohl aber ein solches Leiden,
das das denkende Subjekt vervollkommnet; des‐
sen Vollendung befördert; weil es nicht die Ma‐
terie selbst, wohl aber die Form des Denkba‐
ren aufnimmt.

** Denn, wäre der Verstand Etwas wirkliches,
zusammengesetztes, so würde er, wie das Ge‐
fühl, nur dasjenige erkennen, was über das

Daß er daher keine andere Natur (Wesenheit) habe, als die Möglichkeit (denkbarer Gegenstän= de.) Was wir also den Verstand der Seele nen= nen, denjenigen nemlich, mit welchem die Seele denkt und begreift, ist nichts wirkliches, was der Handlung des Denkens vorhergienge; (sondern die Möglichkeit denkbarer Gegenstände.) *

Daher ist es der Vernunft nicht angemessen zu denken, daß er mit dem Körper (mit Etwas körperlichen) vermischt sey; weil er dann zu einer Eigenschaft des Körpers würde, nemlich: warm oder kalt (wie der Körper, mit dem er ver= mischt wäre) und ein gewißes Werkzeug abgeben müßte (durch welches und vermittelst welchen er denken könnte) wie er mit den Empfindungs= werkzeugen empfindet. — Er ist nun aber kein Instrument des Körpers.

Diejenigen sagten also richtig, welche die Seele für ein Behältniß (τοπον) der Formen an= sahen

---

Mittelmaaß derjenigen Dinge ist, aus denen er bestünde. Denn es, — (das Gefühl) — fühlt nur das Warme und Kalte, das über oder unter dem Grad ist, den das Gefühl selbst hat. Mithin würde der Verstand nicht alles Sinnliche erkennen können; folglich würde er auch nicht über alles herrschen; denn herrschen heißt hier so viel, als erkennen.

* Folglich ist er von den Sinnen unterschieden, welche die Möglichkeit, der ihnen eigenthümlich zukommenden empfindbaren Gegenstände sind.

sahen. * Weil hier nicht die ganze Seele, (mit=
hin auch die empfindende und ernährende) son=
dern bloß die Denkende zu verstehen ist; welche
nicht die wirkliche, sondern die mögliche Form al=
ler denkbaren Gegenstände genennt wird.

Daß das Nichtleiden des Empfindenden und
des Denkenden nicht einander ähnlich ist, ersieht
man schon aus den Sinnorganen und der Empfin=
dung selbst. ** Denn der Sinn kann, nach ei=
nem zu heftig einwirkendem Empfindbaren nichts
empfinden. So kann das Gehör nach einem star=
ken Schalle keinen Ton vernehmen; das Gesicht
kann nach dem Eindrucke einer schimmernden Far=
be nicht sehen, und der Geruch nach Etwas hef=
tig

---

   * Wie Plato, zu Ende des 6ten Buches von der
    Republik. Welcher in so ferne recht hat, als
    er dadurch die Seele vom Körper unterscheidet,
    unrecht aber; weil er von der ganzen Seele
    spricht, und mithin auch die empfindende und
    ernährende Seele darunter begreift. Denn bei=
    de sind mit dem Körper verbunden und letztere
    der Aufnahme der Formen unfähig.

  ** Denn wir wissen aus dem Obigen, daß sich das
    Empfindende gegen das Empfindbare leidend
    verhalte; daß sich auf gleiche Weise das wirk=
    lich Denkende gegen das Denkbare leidend ver=
    halte. Es wurde zugleich oben das Wort Lei=
    den deutlicher erklärt. Daß man nemlich hier
    nicht ein Leiden verstehen müsse, das die De=
    struktion der Vermögen nach sich ziehe, son=
    dern ein mit der Natur derselben harmoniren=
    des Leiden; das also vielmehr auf die Ausbil=
    dung dieser Vermögen hinzielt.

tig Riechbaren nicht riechen. Der Verſtand aber,
nach dem er Etwas, das nur tief und ſchwer gedacht werden kann, gedacht hat, kann nicht un-
bequemer, ja, viel beſſer Etwas oberflächlicheres
denken. Denn das Empfindende iſt nicht ohne
Körper, der Verſtand aber iſt von ihm getrennt.
* Wenn er aber ſo weit gebildet iſt (wenn er
kein bloßes Vermögen mehr iſt, ſondern die
Denkformen ſchon einigermaßen ſentwikelt ſind)
daß er, wie ein, ſeiner Sache, Kundiger, einzelne Dinge wirklich weiß; welches geſchieht, wenn
er durch ſich ſelbſt wirken kann; (wenn er über
ſeinen eigenen Vorrath an Kenntnißen nachdenken kann) ſo exiſtirt er auch dann gleichfalls, auf
eine gewiße Art, als ein Vermögen; (aber ein
ſchon entwickeltes Vermögen;) ** mithin nicht als
ein ſolches, wie jenes war, das er vor dem Er-
lern-

---

* Und man muß daher auch ſeine Funktion, auch
außer dem Körper denken, und erſieht daraus,
daß er nicht jenen Hinderniſſen unterliege, denen die Empfindungen unterliegen.

** Wir haben ſchon oben geſehen, daß jedes Vermögen zweifach iſt; ein noch unentwickeltes,
ſchlummerndes, wie z. B. ein Kind in der Wie-
ge das Vermögen zu ſtreiten hat u. ſ. w.
und ein ſchon entwickeltes, aber nicht in Thätigkeit verſetztes; wie z. B. ein Gelehrter, wenn
er z. B. ſchläft, dennoch das Vermögen zu wiſ-
ſen in ſich enthält; wie ein ſtreitbarer Mann,
wenn er ruhig iſt, dennoch das Vermögen ſchon
in ſich enthält.

lernten oder Erfundenen hatte. Dann kann er sich
selbst erkennen. *

Da die Größe und das Wesen derselben, das
Wasser und das Wesen des Wassers, und auf
gleiche Weise (die Gegenstände von ihren We-
senheiten) auch in vielen anderen Dingen unterschieden sind; nicht aber bey allen, denn bey einigen ist die Wesenheit des Fleisches und das Fleisch
Eins und eben dasselbe, so beurtheilt es der Verstand entweder auf eine andere Art, oder doch auf
eine, sich anders verhaltende Art. Denn das
Fleisch ist nicht ohne Materie, so wie das Auf-
wärtsgebogene in dem ist, in dem es ist.

Mit dem empfindenden Vermögen also, wird
er das Warme und Kalte; mithin das Fleisch,
welches ein Verhältniß von diesen ist, (die Materie) unterscheiden. Mit einem anderem aber,
welches entweder (von jenem) getrennt ist, oder
welches sich wie eine gebogene Linie zu sich selbst
verhält, wenn sie ausgedehnt ist, — wird er das
Wesen des Fleisches erkennen. **

O   Uebri-

***

* Denn der entwickelte Verstand kann aus seinen
  eigenen wirklichen Funktionen, seine eigene Gesetze, seine innere Einrichtung, die Denkformen,
  die Möglichkeit dieser Formen, mithin sich selbst
  erkennen.
** Die Gegenstände erkennt das Erkenntnißvermögen, vermittelst sinnlicher Anschauungen,
                                  mit-

Uibrigens iſt in mathematiſchen Abſtractio-
nen, z. B. das Gerade, (eben ſo auf ſinnliche
Gegenſtände ſich beziehend) wie das Aufwärts-
gebogene (welches, wie wir kurz vorher ſagten
immer in Etwas gedacht wird, in welchem es
iſt) Denn die gerade Linie iſt immer in einen Continuum.   Wenn ihr Weſen aber Etwas anderes
iſt, (als ihre Materie) ſo iſt auch die Weſenheit
der geraden Linie von der geraden Linie ſelbſt unterſchieden.   Denn ſie iſt eine Zweyheit (wie Plato ſie bezeichnete, weil ſie als ein Continuum
mit zwey Puncten geſchloßen wird; ſiehe das
2te Hauptſtück im 1ten Buche; oder beſſer,
ſie iſt Etwas Mannigfaltiges.) Daher unterſcheidet er (der Verſtand) ſie entweder durch ein
anderes Vermögen (durch die Sinnlichkeit, wenn
er

mithin durch die Sinne, durch den empfindenden Theil der Seele; das Weſen, die Begriffe
der Dinge erkennt das nemliche Erkenntnißvermögen, aber nicht auf dieſe Art, ſondern dadurch, daß ſie das Mannigfaltige der Anſchauungen überhaupt verknüpft. Ariſtoteles erläutert dieß durch ein Gleichniß. So wie ſich eine gebogene Linie zu ſich ſelbſt verhält; wenn
ſie, nemlich, ausgedehnt wird; — in beiden
Fällen bleibt ſie immer Linie — alſo verhält
ſich das Erkenntnißvermögen, wenn es Gegenſtände anſchaut, zu dem Erkenntnißvermögen,
wenn es die Weſenheiten der Dinge, ihre Begriffe nemlich, erkennt. In jenem Falle iſt es
mit dem Körper in Verbindung und mit ihm
zuſammengeſetzt; — in dieſem aber iſt es vom
Körper getrennt und für ſich.

er die gerade Linie erkennt.) oder durch den nem=
lichen, auf eine andere Art wirkenden Verstand
(wenn er das Wesen der geraden Linie erkennt)
So wie die Gegenstände von ihrer Materie getrennt gedacht werden, so verhält es sich mit dem
Verstande selbst; (der auch, als vom Körper
getrennt, gedacht werden kann.)

Hier könnte aber jemand zweifelnd fragen:
wenn der Verstand einfach und nicht leidend ist,
und mit keinem Dinge Etwas gemeinschaftliches
besitzt, w e Anaxagoras behauptet, wie wird er
denn verstehen? — zumal, wenn das Denken nichts
anderes als ein Leiden ist. Denn in wie ferne
Etwas beyden (dem Gegenstande und dem Ver=
mögen) gemeinschaftlich zukommt, in so ferne
scheint das Eine zu wirken, und das Andere zu
leiden.

Und ob er (der Verstand) überdieß selbst
denkbar ist? — Denn er wird entweder auch in
anderen Dingen zugegen seyn, wenn er auf keine
andere Art denkbar ist. (daß er also in anderen
Dingen sich selbst dächte.) Allein jeder denkbare
Gegenstand ist der Form nach ein einziger; * oder
er

O 2

* Es müßten folglich, wenn der Verstand sich
selbst in anderen Dingen erkennen könnte, alle
Gegenstände Verstand, das ist: einfache We=
sen seyn, was nicht möglich ist.

er wird Etwas zusammengesetztes bey sich haben, was ihn eben so denkbar macht, als die übrigen Gegenstände. * Ob das Leiden des Verstandes Etwas Gemeinschaftliches (der Denkkraft und der denkbaren Gegenstände) ist, ist schon vorher ** gesagt worden, weil der Verstand, als Vermögen, gewißer Maßen, das Denkbare; überhaupt genommen, ist; als wirksamer Verstand aber (als Kraftäußerung) ist er nicht eher Etwas Denkbares, als bis er es (wirklich) gedacht hat. Denn er muß wie eine Tafel seyn, auf welcher nichts wirklich geschriebenes ist. Denn so verhält es sich mit dem Verstande. ***

Er.

---

* Bei welchen die Form der Materie denkbar ist; er würde dann selbst Etwas vermischtes seyn, was wieder falsch ist.

** Wie wir oben im 2ten Buche, im 5ten Hauptstücke sagten: κατα την Φθοραν, wenn es die Zerstörung eines Gegenstandes nach sich zieht; und κατα την τελειωσιν και ζωτηριαν, wenn es zum Wohle, zur Ausbildung des Gegenstandes hinzielt. Im letzten Verstande leidet der Verstand.

***Im bloßen Verstande ist nichts wirklich Denkbares, aber das Vermögen denkbare Gegenstände zu denken, mithin das Denkbare überhaupt. Aristoteles vergleicht hier den Verstand mit einer unbeschriebenen Tafel, die beschrieben werden kann, so wie ihn Plato Philebus mit einem Buche vergleicht, welches nicht eher gelesen werden kann, als bis man es aufmacht

Er iſt ſo gut denkbar, als alle übrige denkbare Gegenſtände. Denn in Dingen, die ohne
Materie ſind, iſt der Verſtand, und dasjenige,
welches gedacht wird, eines und ebendaſſelbe; ſo
wie die contemplative Wiſſenſchaft, und das, was
contemplativ gedacht wird, eins und eben daſſelbe. *

Warum er aber nicht immer ſich ſelbſt denke, muß doch noch die Urſache angegeben werden.
Von denjenigen Gegenſtänden, welche eine Materie haben, iſt ein jeder von ihnen dem Vermögen (der Form) nach denkbar. Daher kommt einen jeden von ihnen nicht der Verſtand zu (daher
denkt der Verſtand nicht ein jedes Ding, außer,
in ſo fern es, als Form, dem Verſtande vor-
geſtellt wird, wodurch auch obiger Zweifel,
ob nicht der Verſtand in Dingen ſelbſt läge,

abge-

---

macht, oder welches, wenn es verwiſcht oder
beſchmiert iſt, nicht eher geleſen werden kann,
als bis man es geſäubert hat. Der Unterſchied
dieſer Gleichniß vom vorhergehenden iſt dieſer:
Plato glaubte, daß die Seele alle unſere Ide-
en aus einem vorhergehendem Leben mitbringe,
daß der Menſch alſo bloß einer Hervorlockung
und Entwickelung der Begriffe bedürfe.

* Folglich iſt der Verſtand nicht als äuſere Anſchauung, als ein Ding von Außen, denkbar;
ſondern als innere Anſchauung. Die Formen
des Denkens afficiren den inneren Sinn; ihr
Mannigfaltiges wird apprehendirt, zur Einheit verknüpft; und auf ſolche Art gedacht.

abgewiesen wird.) Denn das Denken des Verstandes selbst, ist das Vermögen ohne Materie (die bloße Form) zu denken. · In diesem aber allein besteht die Denkbarkeit desselben.

Sechstes Hauptstück.

Von der Vernunft. *

Da in der Wesenheit aller Dinge, (überhaupt genommen) Etwas ist, was in jeder einzelnen Gattung derselben die Materie ausmacht, weil in ihr die Möglichkeit aller übrigen Dinge enthalten ist; Etwas anderes aber, was den Grund und die wirkende Ursache (der Materie) ausmacht, in dem es alle Erscheinungen hervorbringt (und leitet) so wie z. B. die Kunst (in uns, das Vermögen etwas zu verfertigen) von der Materie (zur

Thä-

---

* Nach dem Griechischen: vom wirkenden Verstande. Auch hier glaube ich, daß der wirkende Verstand des Aristoteles eben das ist, was Kant die Vernunft nennt. Daher hab ich es auch so übersetzt — Die Vernunft ist das höchste Vermögen, das Vermögen der Principien.

Thätigkeit) gereizt wird, so müssen auch in der Seele dergleichen Unterschiede Statt finden. *

Daher giebt es einen solchen Verstand, der alles wird (der von den Eindrücken von Außen abhängt, und mithin sich leidend verhält) und einen solchen, der alles thut (die Vernunft nemlich, welche die Erfahrung leitet, und mithin wirkend ist) Welcher, als eine Fähigkeit, der Seele eben so zukömmt, wie das Licht (dem Auge und der Farbe) denn das Licht macht die Farben, deren Sichtbarkeit sonst nur möglich ist, wirklich sichtbar. **

Diese Vernunft ist (vom Körper, mithin von Sinnlichkeit und Verstand) getrennt, unvermengt (einfach, denn die Vernunft ist die höchste Einheit;) leidet nichts von denkbaren Gegenständen, weil die Wirksamkeit, (die Leitung der Sinnlichkeit und des Verstandes) das Wesen desselben ist. *** Denn dasjenige, was wirkt (was durch sich regiert) ist immer edler, als das, welches leidet, und das Princip immer edler, als die

Mate-

* Daß also auch der Verstand, als Materie, als leidend, und die Vernunft — das Vermögen der Principien — als Grund, als wirkend angesehen werden könne.
** Die Vernunft macht, daß alle Erkenntnisse durch die Vernunfteinheit erst ihre sicherste Gewißheit erhalten.
*** Weil die Vernunft, als das Unbedingte dem Verstande entgegengesetzt ist.

Materie (Denn die Verſtandesbegriffe können
die Materie der Vernunft genennt werden.)

Auch (iſt die wirkliche Kenntniß, von der
Möglichkeit derſelben unterſchieden, denn) die
wirkliche Erkenntniß eines Dinges, iſt eben das,
was das Ding ſelbſt iſt. * Ihrer Möglichkeit
aber nach iſt die Erkenntniß der Sache, der Zeit
nach immer eher, in einem, und eben demſelben
Verſtande, (als die wirkliche Kenntniß der nem‐
lichen Sache.) Sonſt aber (wenn die Kennt‐
niß als wirklich, in ihrer Thätigkeit betrachtet
wird) auch nicht einmal der Zeit nach. (Denn
ſie wirkt dann immer;) weil ſie dann (in ihrer
Wirkſamkeit) nicht itzt erkennt, und itzt wieder
nicht. **

Die (von allen) getrennte Vernunft, iſt ein‐
zig das, was ſie iſt. (Das Vermögen der Prin‐
cipien) Dieſe allein iſt unſterblich und ewig (wenn
auch der Körper hinſtirbt.) Wir erinnern uns
aber ſodann nicht (der vergangenen Dinge) weil
die

---

* Weil alles nur Erſcheinung iſt, ſo iſt die Er‐
kenntniß der Sache im Verſtande, mit der Sa‐
che, außer demſelben — ſubjektiv eine und
ebendieſelbe.

** Denn nur der Verſtand, als die Möglichkeit
denkbarer Gegenſtände, kann itzt denken, itzt
wieder nicht.

die Vernunft ohne Leiden ist; * Der Verstand
aber ist sterblich. (Weil er mit den Sinnen,
von denen er die Anschauungen erhält, noth=
wendig vergehen muß) weil wir ohne Sinne
nichts denken können.

Anmerkung zu diesem Hauptstück.

Die Commentatoren haben sich sehr bemüht zu
untersuchen, ob es einen wirkenden Verstand gebe?
— Allein, da wir unter dem wirkendem Verstande
die Vernunft — das Vermögen der Prinzipien
aller menschlichen Kenntniße — verstehen, so sind
wir dieser Mühe überhoben; denn, wer von uns
wird wohl zweifeln, daß dem Menschen eine Ver=
nunft beywohne? — Es ist wohl ganz unnöthig
meine Leser auf die Schriften eines Kants, eines
Reinholds, eines Schmids, und anderer, die
über die critische Philosophie schrieben, zu verwei=
sen; da ich nach dem leckerem Geschmacke unserer
Zeitgenoßen voraussetzen kann, daß wohl keiner
diese derbe Speise eines Aristoteles versuchen wird,
als Männer, derer Verdauungswerkzeug durch die
gesunde Nahrung jener Philosophen die gehörige
Stärke erhalten hat.

---

* Und das Errinnern in der Hervorbringung ver=
gangener Dinge besteht, mithin ein Zweig der
Einbildungskraft ist, folglich von den Sinnen
abhängt, und also auch mit ihrem Untergange
aufhört.

Auch haben sich die Commentatoren in die
Wette bemüht, Stellen über Stellen zu häufen;
um zu beweisen, daß Aristoteles eine Unsterblichkeit der Seele bewiesen habe. Allein alle diese
Stellen sind kein Beweis von dem, was sie suchen,
wohl aber Beweise, daß Aristoteles eine Unsterblichkeit der Seele geglaubt hat; wie auch dieses Hauptstück selbst anzeigt. Denn er beweist hier eben so wenig
die Unsterblichkeit, als anderswo. Er giebt aber
zu erkennen, daß er sie geglaubt habe. Worinn
er auch mit den Resultaten der critischen Philosophie ganz übereinstimmt; welche zwar eingesteht:
daß sie, durch die speculative Vernunft, die Unsterblichkeit eben so wenig zu beweisen, als zu widerlegen, vermögend sey; aber auch unwiderleglich
darthut, daß uns die practische Vernunft einen noth-
wendigen Glauben an die Unsterblichkeit der Seele auferlege. — Kenner der alten und neuesten
Philosophie werden den Scharfsinn dieses Griechen
bewundern, der in allen Zweigen der Philosophie
gleich groß war; und in allen eine so tiefdringende
Einsicht zeigte, als sonst kaum ein Mann, der
sich einzig auf einen verlegt, zu erreichen im Stande ist.

Sie-

Siebentes Hauptstück.

Von der doppelten Wirksamkeit des Verstandes. *

Das Denken des Unzertheilbaren (der Formen der Anschauung und des Denkvermögens) geschieht mit demjenigen Vermögen, in welchem kein Irrthum Statt findet. Wo aber Falsches und Wahres ist, dort ist schon eine gewiße Synthesis (Verknüpfung) der Gedanken zur Einheit. ** So wie auch Empedocles (in der Entstehung der Thiere) sagte: „gewiß sind die Köpfe vieler Thiere, ohne allen Nacken (aus dem Körper) gleich-

---

* Hier wird der Verstand in weitester Bedeutung genommen; in so fern er auch die Vernunft in sich befaßt.

** Es ist eine doppelte Wirksamkeit des Verstandes; entweder bringt er das Untheilbare—die Formen der Sinnlichkeit und des Denkvermögens — als Etwas Mannigfaltiges zur Einheit; oder das Theilbare — die Anschauungen und Gedanken. Das Erste thut der transscendentale Verstand; das zweite der reale. In jenem findet kein Irrthum statt; weil er nur das Mannigfaltige überhaupt verknüpft, und bloß bei dem, ihm eigenthümlich, Zukommenden, wie die Sinne, verbleibt; im zweiten aber Irrthum und Wahrheit; je nachdem die Apprehension des Mannigfaltigen der wirklichen Anschauungen und Gedanken geschehen ist.

gleichsam hervorgesproßen" — daß sie daher durch die Liebe (gegenseitige Anziehung) verbunden werden. * So werden auch diese zertheilte Gedanken (gegebene Anschauungen und Gedanken) verknüpft, so wie das ungemessene und sein Durchmesser. (Denn durch die Verbindung des Durchmessers mit seinem Umfange lernen wir die Größe des Ungemessenen.) Wenn der Verstand das Vergangene oder Zukünftige denkt, so denkt und verknüpft er zugleich die Zeit. — Denn der (sich etwa ergebende) Irrthum ist jedesmal in dieser Verbindung. Denn, wenn er das Weiße, nicht weiß nennt, so ist es nicht, als weiß, verknüpft worden. ** Man kann auch alles dieses eine Zertheilung (Auflösung) nennen. (Weil das Mannigfaltige so zerlößt wird, biß man auf das einfachste Princip kommt.) ***

Allein

---

* Denn so verbindet die Synthesis die einzelnen Anschauungen und bringt eine Einheit hervor; welche sodann einen Gedanken in engster Bedeutung ausmacht.

** Mithin liegt der Irrthum darinn, daß das Weiße zu der Zeit, als die Verknüpfung geschah, nicht, als weiß verknüpft wurde.

*** Denn das Mannigfaltige des Eindrucks von äuseren Gegenständen wird apprehendirt und zur Einheit verknüpft; wo es sodann eine Vorstellung des Anschauungsvermögens wird. Nun aber ist diese anschauliche Vorstellung in Rücksicht auf den Verstand, wieder Etwas Mannigfaltiges, welches apprehendirt und zur Einheit verknüpft wird; welche Einheit sodann ein Ge-

dan-

Allein auch hier (wenn die Zeit zugleich in Betrachtung kömmt) besteht die Falschheit oder Wahrheit nicht allein darinn, daß ich sage: Cleon ist weiß (daß ich also bloß das Gegenwärtige betrachte) sondern auch, ob er es war oder seyn wird (sondern auch die Vergangenheit und Zukunft) Dasjenige aber, welches das Mannigfaltige (der Anschauung) zur Einheit verbindet, ist der Verstand. *

Da das Untheilbare (die Formen der Sinnlichkeit und des Denkens) auf zweyerley Art so genennt wird; in Ansehung seiner Möglichkeit, und in Ansehung seiner Wirksamkeit, so hindert nichts, daß der Verstand zugleich das Untheilbare (die Formen) denkt, wenn er die Länge (äußere sinnliche Gegenstände) denkt. ** Denn das Un-

---

danke ist. Aber auch dieser ist in Rücksicht auf die Vernunft Etwas Mannigfaltiges, das apprehendirt und zur Einheit verknüpft wird, welche eine Idee ist. Folglich wird das concipirte Mannigfaltige so oft zur Einheit zerlößt, bis man das Element desselben gefunden hat.

* Dasjenige aber, was das Mannigfaltige der Gedanken zur Einheit verknüpft, ist die Vernunft.

** Wenn der Verstand über äußere Gegenstände denkt, so ist der Stoff zwar von Außen; die Formen aber des Andenkens, wodurch das Denkbare gedacht wird, von innen. Denkt du Verstand

Untheilbare (die Formen) ist wirksam, und zwar in einer untheilbaren Zeit. (die Denkformen wirken auf die Formen der Sinnlichkeit;) * weil die Zeit (die Form der Anschauung) wie die Länge theilbar und untheilbar ist. ** Man kann also nicht bestimmen, was der Verstand in beyden Fällen (als bloser Verstand, und als transcendentaler Verstand) denke. Denn er existirt nicht, wenn er nicht wirklich getheilt worden ist (wenn seine Formen nicht auf das Mannigfaltige der Anschauung angewandt worden sind) außer der Möglichkeit nach. Wenn er aber beydes (seine Form und die Form der Sinnlichkeit) einzeln denkt, so zertheilt er zugleich die Zeit (so denkt er nur die bloße Form der Sinnlichkeit; nicht aber das Mannigfaltige der Receptivität der äuseren Sinne) und denkt sie dann so, wie die Länge (wie eine Linie, die man als ganz oder theilweise denken kann) Wenn er aber das Zusammengesetzte aus beyden (aus den Formen des

Den=

---

stand aber seine eigene Formen, so afficirt er sich selbst von Innen, durch die innere Anschauung.

* Im transscendentalem Verstande; weil dieser die Formen der Sinnlichkeit, Zeit und Raum, als Etwas Mannigfaltiges zur Einheit verknüpft.

** Weil die Zeit — die Form der Sinnlichkeit, als untheilbar; das ist: als bloße Formen und als theilbar; das ist: als auf sinnliche Gegenstände angewandt, betrachtet werden kann. Daß sie also wie eine Linie, als ein Ganzes,

Denkens und der Sinnlichkeit) denkt, so wird
er auch zur nemlichen Zeit das denken, was mit
beyden Zeiten apprehendirt wurde.   *   Was aber
nicht der Quantität, (der Größe) nach, sondern
der Form nach untheilbar ist (die Formen der
Sinnlichkeit und des Verstandes) dieß denkt der
Verstand in einer untheilbaren Zeit (durch das
Afficirtwerden des inneren Sinnes von jenen
Formen) und durch Etwas Untheilbares der Seele (durch die Vernunft.)   Und zwar nach ihrer
Zufälligkeit, und nicht, in wie fern sie das Theilbare sind (in wiefern sie auf wirkliche Gegenstände angewendet werden) welches er drukt,
und die theilbare Zeit, in welcher er denkt (in wiefern die Zeit, das ist: die Form der Anschauung auf sinnliche Gegenstände angewandt wird)
sondern in wie fern sie untheilbar sind (in wie fern
die blosen Formen des Denkens und Anschauens gedacht werden.)

Denn es ist auch in diesem realen Denken etwas Untheilbares (die Form des Denkens) welches aber, weil es die Zeit (die Anschauungen)
und

---

oder als zertheilt, mithin als ein Theil, betrachtet werden kann.
* Wenn der Verstand Etwas Reales denkt, so
wird seine Form auf das Mannigfaltige der
Anschauung, und die Form der Anschauung auf
das Mannigfaltige des äuseren Stoffes angewandt.

und die Länge (den sinnlichen Stoff) zur Einheit
bringt, vielleicht nicht so leicht getrennt werden
kann; und dieses ist auf gleiche Weise in jedem
Continuum, in jeder Zeit und in jeder Länge (in
jedem Gedanken, und in jeder Anschauung.)

Der Punct (die Einheit, gleich einem
Puncte) und jede Zertheilung, (jeder Gedanke,
der auf das Gegentheil hinweist, z. B. gut
und böse) und dasjenige, was auf solche Art
(wie die Einheit aus dem Mannigfaltigem)
untheilbar ist, wird in eben dem Verhältniße erkannt, als man ihre Negation (ihr Gegentheil)
erkennt. Auf gleiche Weise geschieht es auch in
anderen Dingen; wie er z. B. das Böse und
das Schwarze erkennt (nemlich aus ihrem Gegentheile, dem Guten und dem Weißen) Denn
durch das Gegentheil erkennt er auf eine gewiße
Art die Gegenstände. Es muß aber dasjenige,
was erkennt, dem Vermögen nach existiren; und
in ihm selbst eine Einheit seyn. Wenn aber Etwas im Grunde kein Gegentheil hat, so erkennt
es sich selbst; es ist selbstständig und (von allen
Gegenständen) getrennt. (Wie die Vernunft,
die reine nemlich und ihr Ideal, das höchste
Wesen.)

Ein einfacher Satz ist Etwas (welches aus-
gesagt wird) von Etwas (von einem Gegenstande;) wie die Affirmation. Und jeder Satz
ist entweder wahr oder falsch. Nicht jeder Verstand ist wahr, sondern bloß jener, welcher sein
We-

Wesen nach seiner Natur erkennt; (der sich selbst denkt;) nicht aber jener, welcher Etwas vom Etwas (von einem Gegenstande) erkennt.

So wie das Sehen desjenigen, welches eigenthümlich dem Gesichte zukommt, wahr ist; ob aber jenes Weiße ein Mensch ist, oder nicht, nicht immer wahr ist; (Weil das Gesicht dann nicht mehr einzig und allein von eigenthümlichen Gegenständen spricht;) so verhält es sich auch mit jenen Gegenständen, die ohne Materie sind; (mit den Formen des Anschauens und des Denkens. *

Achtes Hauptstück.

Vom praktischen Verstande, und dessen Unterscheidung vom Contemplativen.

Die Wissenschaft in ihrer Wirklichkeit ist mit der Sache, (die wir wissen) Eins und Ebendasselbe; ihrer Möglichkeit aber nach ist sie, der Zeit nach,

P   eher

---

* Denn hier denkt der Verstand das ihm gleichsam eigenthümlich Zukommende, wo er folglich nicht irren kann.

eher; (das Vermögen Etwas zu wissen ist eher, als das wirkliche Wissen) Uiberhaupt genommen aber ist sie nicht einmal der Zeit nach eher. Denn alles, was geschieht, kommt von dem her, was schon wirklich selbstständig ist. Denn alles, was geschieht — die Erscheinungen setzen Materie voraus.

Denn das wirklich Empfindbare (die Erscheinung) scheint das Empfindungsvermögen, in so fern es bloß möglich ist, zur Wirklichkeit zu bringen. Denn dieses leidet nicht, noch wird es verändert (in dem Sinne nemlich, wenn das Leiden eine Zerstörung nach sich zieht.) Daher muß dieß eine ganz andere Art der Bewegung seyn; weil jene Bewegung die Thätigkeit eines unvollendeten Gegenstandes ist; diejenige einfach wirkende Thätigkeit aber überhaupt, ist bloß einem vollendeten Wesen eigen, und ist also eine ganz andere.

Das Empfinden ist also allein dem Sprechen und Denken ähnlich * Wenn das Empfindungsvermögen aber Etwas angenehmes oder unangenehmes empfindet, und es gleichsam gebilliget oder verworfen hat, so verlangt es (das Erstere) und flieht (das Letztere.) Sich vergnügen oder trauern ist

---

* Denn so wie das Denken und Sprechen in seiner Wirklichkeit, die Möglichkeit desselben voraussetzt, also geschieht es auch im Empfinden.

ist nichts anderes, als, vermittelst der Sinne zum Guten oder zum Bösen, in so fern sie solche sind, hinwirken; und die Flucht vor diesem, und das Verlangen nach jenem, sind in ihrer Wirklichkeit eben das nemliche (wie das vorige.)

Weder ist das verlangende und das fliehende Vermögen Etwas anderes; * weder sind sie von einander, noch vom Empfindungsvermögen unterschieden. (getrennt; sie sind in einer und eben derselben Seele) nur ihrem Begriffe nach sind sie unterschieden.

Der denkenden Seele kommen die Phantasmata (die Producte der Einbildungskraft,) eben so zu; wie die Aesthemata (die empfindbaren Gegenstände, in so fern man ihre Formen darunter versteht) der empfindenden Seele. ** Wenn sie nemlich das Gute oder Böse billigt oder mißbilligt, so flieht sie das Letztere, und verlangt das Erstere. Daher denkt die Seele, nicht ohne Phantasmaten, (ohne zuvor das Mannigfaltige der Anschauung apprehendirt zu haben.)

So wie die Luft den Augapfel afficirt, dieser aber Etwas anderes, so thut das Gehör das

p 2 Nem-

---

* Dieß ist wider Platonen gerichtet, der eine verlangende und fliehende Substanz annahm.

** Denn die Einbildungskraft apprehendirt das Mannigfaltige der Anschauung, und der Verstand verknüpft es zur Einheit.

Nemliche (Denn die zitternde Luft afficirt das
Ohr, und dieses wieder Etwas anderes.)
Dieses letzte aber ist eine Einheit und ein einzelnes
Mittel (zwischen dem äuseren Sinn und dem
Verstande) welches dem Wesen nach (dem Be=
griffe nach) doch Etwas mannigfaltiges ist (wel=
ches den inneren Sinn ausmacht, der sodann
von der Einbildungskraft wieder zur Verbin=
dung apprehendirt wird.) Von demjenigen aber,
womit die Seele urtheilt, und das Süße vom
Warmen (welches zweyerley Sinnen zukommt,
und folglich jedes nur von seinem Sinne ange=
schaut werden kann) unterscheidet, ist schon oben
(zu Anfange dieses Buches) gesprochen worden;
muß aber itzt wieder angemerkt werden, weil es
eine gewiße Einheit, als, das (zu erreichende)
Ziel (die innere Anschauung nemlich) ist. Und
diese (äusere und innere Anschauungen) sind eine
Einheit, sowohl der Analogie nach; * als auch
der Zahl nach, welche sich zu beyden (dem Em=
pfindungs und Denkvermögen) so verhält, wie
beyde unter einander.

Denn, was liegt an dem Zweifel, wie der
Verstand das Homogene, (was von der nem=
lichen Gattung ist, als in Ansehung der Sin=
ne, das Weiße und Schwarze u. s. w. und in

An=

---

* So wie sich nemlich die Einheit der Form der
empfindbaren Gegenstände zum innerem Sinne
verhält, so verhält sich die Einheit der Phan=
tasmaten zum Verstande.

Anſehung des Verſtandes das Gute und Böſe,
das Wahre und Falſche) und das Entgegengeſetzte (z. B. in Anſehung der Sinne das Weiße
und Süße u. ſ. w. in Anſehung des Verſtandes das Gute und Wahre) unterſcheidet? —
Es ſey alſo a das Weiße, zum b, dem Schwarzen, wie c, (das Phantasma des Weißen) zum
d, (dem Phantasma des Schwarzen) So wie
ſich das Eine zum Anderem verhält, ſo verhalten
ſie ſich gegenſeitig; auch bey veränderter Ordnung
(zu beyden Seiten): Wenn cd einer Einheit zu
kommt (einem Vermögen zukommt;) ſo werden
ſich ab eben ſo verhalten, auch Eins und eben daſſelbe ſeyn; * Allein, ihrem Weſen nach ſind ſie
nicht einerley; was von allen auf gleiche Weiſe
gilt. Es würde allerdings das nemliche Verhältniß bleiben, wenn a das Süße, b das Weiße
bedeutete (wie jeder, der die Geſetze der Proportion kennt, von ſelbſt ſieht.)

Der Verſtand alſo denkt die Formen in den
Phantasmaten (in den Anſchauungen, welche
durch die Einbildungskraft verknüpft wurden.)
und ſo wie in dieſen ſchon das, was zu verlangen
(das Gute) und das, was zu fliehen iſt (das
Böſe) beſtimmt iſt, ſo wird er auch außer den ſinn-
li-

---

* Auch einem Vermögen zukommen; und zwar
auch einem und eben demſelben Subjecte; weil
z. B. durch die Verwechslung der Mittelglie-
der u. ſ. w. die Proportion eben dieſelbe
bleibt.

lichen Eindrücken, weil die Phantasmata schon
obiges in sich enthalten (zum Verlangen oder
Fliehen) bewogen; So wie derjenige, der eine
Fackel sieht, durch den gemeinschaftlichen (inneren)
Sinn erkennt, daß es Feuer ist, und indem er
sieht, daß sie bewegt wird, Etwas feindliches erkennt.
Wenn er aber nach den Phantasmaten (Producten der Einbildungskraft) und den Gedanken in
der Seele, die er gleichsam gegenwärtig sieht,
nachdenkt, und auf das Künftige schließt, während er auf das Gegenwärtige zurück sieht, so zeigt
er auch zugleich an, daß, so wie dort was Angenehmes oder Unangenehmes ist, so auch hier dieses geflohen und jenes verlangt werde; wie es auch
überhaupt in jeder Handlung geschieht.

Auch das Wahre und Falsche, welches nicht
in einer solchen Thätigkeit des Verstandes besteht,
ist von der nemlichen Art, wie das Gute und
Böse; nur ist der Unterschied dieser: daß jenes
überhaupt genommen, dieses aber, als einem Gegenstande, beywohnend, gedacht wird. So denkt
der Verstand die abstracten Gegenstände. Denn,
so wie er eine aufgestilpte Nase, als aufgestilpt,
nicht aber, als getrennt von der Materie denkt;
wenn er aber Etwas, als Krumm wirklich erkennen will, er sie ohne Fleisch, in welchem das
Krumme ist erkennt; so denkt er die mathematischen Wahrheiten, welche (von sinnlichen Gegenständen) nicht getrennt sind, als (von aller
Materie) getrennt (obschon sie bloß von der Materie abstrahirt sind und immer sinnlich construirt werden.) Ohnedieß nennt man den
wirk-

wirklichen Verstand denjenigen, der da wirklich denkt. Ob es aber geschieht, daß er, als nicht
getrennt von der Größe (von der Materie) Etwas von den (gänzlich von aller Materie) getrennten Gegenständen denke oder nicht, muß später untersucht werden (in der ersten Philosophie
und Metaphysik.) *

Neun=

---

* Aristoteles will hier sagen, daß wir über dreyerley Dinge denken: erstlich: εx προθεσεως über
Dinge, die wir sammt ihrer Materie denken;
z. B. eine aufgestilpte Nase, wo wir das Aufgestilpte nicht ohne Nase denken. Zweytens:
εx αφαιρεσεως über Dinge, die von der Materie abstrahirt werden, aber dennoch ohne Materie gedacht werden; wie z. B. alle mathematische Wahrheiten. Drittens: απλως οντα
über Dinge, die gänzlich von der Materie getrennt sind, und als von ihr getrennt gedacht
werden.

Uibrigens sehen wir auch hier, daß der Keim
der critischen Philosophie in den Werken des
Aristoteles enthalten ist. Die theoretische Erkenntniß, nach Kant, ist die Erkenntniß dessen was ist; die practische aber die Erkenntniß dessen, was seyn soll; letztere hängt immer
von Freyheit ab und bezieht sich auch auf selbe,
als Grundfolge. Siehe Kants Schriften, besonders seine Critik der practischen Vernunft
und die Metaphysik der Sitten ꝛc.

Neuntes Hauptstück.

Vergleichung des Verstandes mit der Sinnlichkeit und der Phantasie.

Nun wollen wir dasjenige, was wir bisher von
der Seele sagten, in einen Hauptgesichtspunkt zu-
sammenziehen, und sagen: daß die Seele in einer
gewißen Bedeutung (in so fern die Natur die
Summe aller Erscheinungen ist,) das All sey. *

Denn, alles Existirende, ist entweder empfindbar oder denkbar. Die Wissenschaft nemlich
(unter der man hier die Summe alles Denkbaren verstehen kann, folglich der Verstand in
weiterer Bedeutung) ist gewißermaßen alles dasjenige (der Möglichkeit nach) was wir wissen;
und die Sinnlichkeit (als die Summe alles Empfindbarem) ist gewißer Maßen alles (der Möglichkeit nach) was wir empfinden.

Wie aber das geschehe, kann man billig fragen? — Die Wissenschaft (der Verstand) und
die

---

* In wie fern die Natur die Summe aller Erscheinungen ist, in so fern enthält die Seele
die ganze Natur. Denn die Seele ist, als
Verstand, die Möglichkeit aller denkbaren; und
als Sinnlichkeit die Möglichkeit aller empfindbaren Gegenstände.

die Sinnlichkeit werden nun in ihre Gegenstände
zertheilt; was ein jedes nemlich dem Vermögen,
(der Möglichkeit) nach ist; in das, was durch
dasselbe möglich ist (was er vermag;) und was
ein jedes der Wirklichkeit nach ist, in das, was
es wirklich enthält. Das Empfindungsvermögen
und das Vermögen zu wissen (das Erkenntnißvermögen) sind aber der Möglichkeit nach diese
Vermögen, nemlich das eine das denkende, das
andere das empfindende.

Nun ist es aber nothwendig, daß sie entwe-
der die Sachen selbst, oder ihre Formen sind.
Die Sachen selbst können sie nicht seyn, denn der
Stein ist nicht in der Seele, wohl aber seine Form.
Daher ist die Seele wie eine Hand, denn die Hand
ist das Werkzeug anderer Werkzeuge. * und das
Gemüth ist die Form der Formen; ** und die
Sinnlichkeit ist die Form aller empfindbaren Ge-
genstände.

Da nun aber kein Gegenstand (keine Erscheinung) wie es scheint, außer den sinnlichen
Grö-

---

* Denn die Hand ist selbst ein Werkzeug für
vielerley Dinge, und dient dazu, daß wir uns,
vermittelst ihrer, anderer Werkzeuge bedienen
können, die ohne sie für uns keinen Gebrauch
hätten.

** Denn sie ist eine Form, und enthält die For-
men aller denk und empfindbaren Gegenstände
in sich.

Größen (außer der Materie, die außer uns be=
stehend den Stoff zu Erscheinungen giebt, vom
Gemüthe) getrennt ist, so sind sie (diese nemli=
chen Gegenstände) bloß in ihren sinnlichen For=
men denkbar; sowohl abstracte mathematische Ob=
jecte; * als solche, die Fertigkeiten und Affecte
sinnlicher Gegenstände sind. Daher kann derje=
nige, der nichts empfindet, weder Etwas lernen
noch denken. **

Wenn der Verstand nachdenkt, so muß er
nothwendig zugleich ein Phantasma (die Appre=
hension der Anschauungen) denken; denn die
Phantasmata sind, wie die Aesthemata (die Ap=
prehensionen des sinnlichen Afficirtwerdens) ***
Außer, daß sie ohne Materie sind, (weil sie auch
nur von den Formen der Anschauung afficirt
wird.) Die Einbildungskraft aber ist Etwas an=
deres

---

   * εναφαιρεσει, welche von sinnlichen Gegenstän=
     den abstrahirt sind, von ihnen aber doch un=
     terschieden werden.

 ** Ohne Sinnlichkeit können wir nicht denken;
     denn erst durch sinnliche Eindrücke wird das An=
     schauungsvermögen entwikelt, und durch dieses
     die Einbildungskraft, welche das Mannigfal=
     tige der Anschauung apprehendirt, und das
     Denkvermögen, welches das Apprehendirte zur
     Einheit bringt. Mithin können wir ohne Sinn=
     lichkeit nicht denken.

*** So wie man ohne Aesthematen nichts anschaut,
     so kann man ohne Phantasmaten nichts den=
     ken.

deres, als die Affirmation und Negation. *
Denn nach der Verknüpfung der Gedanken entsteht
erst Wahrheit. oder Falschheit (Affirmation und
Negation) Die ersten Gedanken werden dadurch
von den Phantasmaten unterschieden. ** — Können sie nach diesen Wahrheiten noch Phantasmata
seyn? — sie sind aber nicht ohne diesen. ***

Zehntes Hauptstück.

Einige Zweifel über das Vermögen sich zu
bewegen.

Da aber die Seele der Thiere nach zweyerley
Vermögen bestimmt wird, nach dem Vermögen
zu

---

*   Weil jene nur das Mannigfaltige der Anschau-
     ung apprehendirt, diese aber schon Gedanken
     voraussetzen.
** Diese verbinden das Mannigfaltige der Anschau-
     ung, jene sind die Einheit aus jener Verknü-
     pfung.
*** Weil der Gedanke die Einheit aus der Verknü-
     pfung der Einbildungskraft ist, ohne welche
     mithin kein Gedanke Statt finder.

zu urtheilen nemlich; welches ein Werk des Verstandes und der Sinnlichkeit ist, und nach dem
Vermögen sich von ihrem Orte wegzubewegen;
und da schon dieses (das Vorhergehende) über
die Sinnlichkeit und den Verstand (als hinlänglich) bestimmt seyn mag, so müssen wir itzt das
Vermögen sich zu bewegen betrachten; was es
nemlich, in Ansehung der Seele ist? — ob es
ein Theil derselben ist, der, der Größe oder dem
Begriffe nach, von ihr getrennt ist? — oder ob
es die ganze Seele (selbst) ist? — Und wenn es
ein Theil ist, ob er Etwas eigenes neben den gewöhnlichen und hergezählten Vermögen der Seele,
oder Eins von diesen ist? —

Hier entsteht aber gleich der Zweifel, wie
man Theile der Seele und ihre Anzahl angeben
könne? — Denn sie scheinen auf eine gewiße Art
unzählig zu seyn. Es werden nicht bloß diejenigen Unterscheidungen angegeben; welche einige, *
indem sie das Vernunftvermögen, das Vermögen
zu zürnen, und Begierden zu haben unterscheiden,
herzählen; sondern auch andere, die die Seele in
einen vernünftigen und unvernünftigen Theil zertheilen.

Nach diesen Unterscheidungen, vermittelst
welchen sie diese Theile absondern, scheinen auch
noch

* Unter denen Plato der vorzüglichste ist.

noch andere Theile (der Seele) zu seyn, welche
einen weit größeren Abstand von diesen, die itzt
hergezählt wurden, haben; (welche hiemit eben
so gut als Theile der Seele angenommen wer=
den können.) Der ernährende Theil nemlich,
welcher den Pflanzen und allen Thieren zukommt;
und der empfindende, dem wohl nicht so leicht je=
mand weder Unvernunft nach Vernunft beylegen
wird. * Nebst diesen der bildende Theil (die
Einbildungskraft) welcher, seinem Wesen nach,
von allen unterschieden ist. Wenn jemand die
Theile der Seele als getrennt annimt, so ist es
sehr zweifelhaft, mit welchem derselbe vereint oder
von welchen er verschieden sey. ** Hernach der
begehrende (das Begehrungsvermögen) welcher
sowohl dem Begriffe, als dem Vermögen nach,
von allen übrigen unterschieden zu seyn scheint. Es
ist widersinnig ihn zu zerreißen (und nach der
obigen Eintheilung, ein Stück davon der Ver=
nunft, und die zwey übrigen dem Zorne und
der Begierlichkeit übergeben wollen.) Denn
er selbst wird im Vernunftvermögen der Wille;

und

---

* Dieß müßte bey obigen Eintheilungen gesche=
hen; weil in beyden nichts von empfindenden
Theilen bestimmt gesagt wird.
** Denn die Einbildungskraft kommt der Sinn=
lichkeit und dem Verstande gemeinschaftlich zu;
denn sie apprehendirt das Mannigfaltige der
Anschauungen, und der Verstand verknüpft
dasselbe zur Einheit; sie ist daher das Mittel
zwischen Sinnlichkeit und Verstand.

und in unvernünftigen Wesen Begierlichkeit und Zorn. Wenn also die Seele in drey Theile zertheilt würde, so würde in jedem derselben ein Begehren angetroffen werden. *

Doch wir wollen itzt wieder dahin zurückgehen, wo wir mit unserer Betrachtung ausgiengen, was nemlich derjenige Theil sey, welcher das Thier in Bewegung setzt? ** Die Bewegung, durch welche alle Thiere wachsen und absterben, und welche allen Thieren zukommt, scheint von demjenigen herzukommen, was gleichfalls allen Thieren zukommt, von dem Vermögen sich fortzupflanzen und sich zu ernähren. Vom Aus und Einathmen aber, vom Schlafen und Wachen werden wir später handeln. Denn auch in Ansehung dieser giebt es mancherley Schwierigkeiten; (wenn wir nemlich die obige Eintheilung der Seele annehmen.)

Allein wir müssen itzt die Bewegung betrachten, durch welche sich die Seele von ihrem Orte fortbewegt; was dasjenige sey, was das Thier zum Fortschreiten bewegt? — Daß es das Vermögen, sich zu ernähren, nicht sey, ist offenbar.

Denn

---

* Und doch in jedem, dem Begriffe nach, ganz anders seyn; folglich kann obige Eintheilung nicht statt finden.
** Und welcher eben so weit von den übrigen Theilen der Seele unterschieden ist, wiewir itzt hören werden.

Denn diese Bewegung geschieht immer eines Dinges wegen, wozu uns die Einbildungskraft oder
das Begehrungsvermögen anreizt (welche nicht
dem ernährenden Vermögen zukommen) Denn
nichts, wenn es nicht zugleich Etwas begehrt oder
flieht, bewegt sich selbst, außer durch Gewalt;
(wo es sodann nicht mehr eine eigene Bewegung von innen ist) Uiberdieß, (wenn die Selbstbewegung von dem ernährenden Vermögen ab-
hienge) müßen sich auch die Pflanzen selbst bewegen, und solche Theile, als Werkzeuge, besitzen,
die sie zu einer solchen Bewegung fähig machen
welches wider alle Erfahrung ist.) Eben so
wenig kann das empfindende Vermögen, das Princip dieser Bewegung seyn. Denn es giebt viele
Thiere, welche zwar Empfindung haben, dennoch
aber bleibend und unbeweglich sind. Wenn nun
aber die Natur nichts umsonst macht, noch auch
Etwas nothwendiges wegläßt, außer bey denjenigen Thieren, die schadhafte Glieder haben und mithin unvollkommen sind (die zwar eine Ausnahme, nie aber eine Regel machen) die Thiere aber
(z. B. die Austern und andere von den Schal-
thieren) vollkommen und ohne alle Mängel sind,
wovon dieses der Beweis ist, daß sie sich fortpflanzen, völlig reif werden und absterben, so würden sie auch diejenigen Theile und Werkzeuge (von
der Natur erhalten) haben, die zur Selbstbewegung gehören. (Folglich kann das empfindende Vermögen nicht das Princip der Bewegung seyn.)

Allein

Allein auch nicht die Vernunft, und das Vermögen, welches der Verstand genennt wird, ist
das Princip der Bewegung. Denn die contemplative Vernunft denkt weder über practische Angelegenheiten, noch bestimmt sie, was zu fliehen
oder zu begehren sey. Die Bewegung aber ist
immer in demjenigen Subjecte, was flieht oder begehrt. Wenn sie auch (die praktische Vernunft
nemlich) über so Etwas nachdenkt, so reizt sie uns
dennoch nicht, Etwas zu fliehen oder zu verlangen. Sie denkt z. B. über Etwas zu befürch-
tendes, oder über ein Vergnügen nach, bewegt
uns aber (an sich genommen) deswegen noch nicht
zur Furcht. Das Herz aber bewegt sich; und,
wenn wir ein Vergnügen voraussehen, ein anderer Theil des Körpers. Uiberdieß befiehlt zwar
der Verstand, und das Nachdenken bestimmt, was
zu fliehen oder zu begehren sey; allein der Mensch
wird deswegen noch nicht bewegt; denn er handelt nach dem Reiz seiner Lüste, wie z. B. die
Unenthaltsamen. So sehen wir allerdings, daß
z. B. ein Arzt die Heilmittel versteht, aber doch
nicht heilt, so wie ein anderer: der nach seiner
Wissenschaft Etwas thun könnte, es doch nicht
thut (weil ihn nicht die Kenntniß eines Dinges
an und für sich, sondern Etwas anderes zum
Handeln bestimmt.)

Aber auch das Begehrungsvermögen, (an
und für sich genommen) ist nicht der Urheber der
Bewegung. Denn enthaltsame Personen, obschon
sie

sie Verlangen und Begierde nach Etwas haben
— handeln dennoch nicht nach ihren Begierden,
sondern folgen Vorschriften ihrer Vernunft.

Eilftes Hauptstück.

Welches die Ursache der Selbstbewegung ist?

Zwey Dinge aber scheinen das Princip der Bewegung zu seyn: das Begehrungsvermögen und
der Verstand; in so fern man nemlich unter letzteren die Einbildungskraft befaßt. Denn die Menschen folgen oft mehr ihren Einbildungen, als ihrem
Wissen, das sie jenen nachsetzen. Und andere
Thiere haben weder Verstand noch Vernunft; wohl
aber eine Einbildungskraft. Beyde also, der
Verstand und das Begehrungsvermögen, sind das
Princip der Bewegung von einem Orte zum anderem.

Der Verstand, (oder vielmehr die practische Vernunft) welche eines gewißen Zweckes wegen (des Guten wegen) ihre Functionen verrich-
tet; welche also in Ansehung des Zweckes (den

Q   sie

sie sich selbst vorschreibt) von der speculativen
Vernunft unterschieden ist; und das Begehrungsvermögen, welches sich immer auf Etwas (was
wir verlangen) bezieht. Denn dasjenige, was
das Begehrungsvermögen (überhaupt) verlangt,
ist ein Princip der praktischen Vernunft; was aber
das letzte (daß nächstwirkende Princip in Ansehung des Objects) ist, dieß ist das Princip des
Handelns. Das Begehrungsvermögen und die
practische Vernunft scheinen also ganz richtig das
Princip der Bewegung zu seyn; denn das Begehrungsvermögen bewegt den Menschen, und durch
dasselbe bewegt ihn die Vernunft; weil dasjenige,
was begehrt wird, das Princip derselben ist; aber
auch die Einbildungskraft, wenn sie bewegt, bewegt
nicht ohne zugleich Etwas zu begehren.

Es ist aber ein einziges Erstes (unter diesen zwey Principien) welches die Bewegung hervorbringt; der reizbare (begehrbare) Gegenstand
nemlich. Denn, wenn zweye, die Vernunft und das
Begehrungsvermögen, (als erste Principien) bewegten, so müßten sie durch eine, ihnen gemeinschaftliche Form, bewegen. Nun scheint aber die Vernunft
nicht, ohne Etwas zugleich zu begehren, zu bewegen; denn der Wille ist ein Begehren. Wenn also die Bewegung durch die Vernunft hervorgebracht
wird, so wird sie auch durch den Willen hervorgebracht (folglich liegt bey der, durch die Vernunft, bewirkten Bewegung immer ein begehr-
ter Gegenstand zum Grunde.) Das Begehrungsvermögen aber wirkt auch ohne Vernunft.

Denn

Denn die leidenschaftliche Begierlichkeit (die ohne
Vernunft ist) ist ein gewißes Begehren. Jede
Vernunft ist in ihren Verrichtungen wahr; das
Begehrungsvermögen aber und die Einbildungs=
kraft sind in ihren Functionen bald wahr, bald
nicht wahr. Daher reizt uns immer dasjenige
zum Handeln, was wir begehren; und dieses ist
entweder ein wirkliches oder ein scheinbares Gut.
— Aber nicht alles Gute reizt unsere Thätigkeit,
sondern nur das practisch Gute. Practisch ist aber
dasjenige, was sich auch anders verhalten kann.
Aus diesem ergiebt sich, daß nur dasjenige Ver=
mögen der Seele zur Thätigkeit reizen könne, wel=
ches wir das Begehrungsvermögen nennen;

Wenn diejenigen (besonders Plato, wie
oben angemerkt wurde) welche die Seele in ihre
Theile zertheilen, auch sie nach ihren Vermögen
zertheilt und abgesondert hätten, so würden sie er=
sehen haben, daß es ihrer mehrere giebt (als sie
annahmen,) das Ernährungsvermögen nemlich,
das Empfindungsvermögen, das Denkungsvermö=
gen, der Wille und das Begehrungsvermögen.
Denn alle diese sind von einander mehr unterschie=
den, als die Begierlichkeit und das Vermögen zu
zürnen (die Plato, wie wir oben sahen, an=
nahm. Denn beyde sind eigentlich unter dem
Begehrungsvermögen begriffen, und die zwey
ersteren sind nach dieser Eintheilung ausgeschlos=
sen.)

Wenn aber die Begehrungen gerade einander
entgegengeſetzt ſind, ſo geſchieht dieß deswegen,
weil die Vernunft und die Begierlichkeit einander
entgegengeſetzt ſind (weil jede von ihnen Etwas
anderes begehrt.) Dieß geſchieht bey denjenigen
Thieren, welche eine Empfindung von der Zeit haben. Denn die Vernunft, die in das Künftige
blikt, befiehlt (wenn ſie nemlich aus einem gegenwärtigen Vergnügen ein künftiges Uibel
vorherſieht) ſich ſelbſt zu bekämpfen — Die Begierlichkeit aber ſieht nur auf das Gegenwärtige.
Denn, was itzt angenehm iſt, ſcheint ihr überhaupt genommen ein Vergnügen und ein Gut zu
ſeyn; weil ſie nicht in die Zukunft ſieht.

Dasjenige, was uns zur Bewegung reizt,
das Begehrte, in wie fern wir es begehren, iſt
der Gattung nach einzig; denn es iſt unter allen
das Erſte, was zum Handeln bewegt; denn es bewegt und wird nicht von andern in Bewegung geſetzt; indem es entweder vom Verſtande vorge-
ſtellt, oder von der Einbildungskraft vorgebildet
wird. Der Zahl nach aber iſt dasjenige, was
dem Menſchen in Bewegung ſetzt, (das Begehre, was der Menſch begehren kann) vielerley.

Es ſind aber drey Dinge, bey der Bewegung; erſtlich dasjenige, welches bewegt; zweytens dasjenige, womit die Bewegung geſchieht;
und drittens dasjenige, was bewegt wird. —
Das Bewegende iſt zweyfach; es iſt entweder unbeweglich, oder es wird bewegt, während es Et-

was

was anderes bewegt. Das Unbewegliche aber ist
das practisch Gute; dasjenige aber, was bewegt
wird, indem es Etwas anderes bewegt, ist das
Begehrungsvermögen; denn es wird bewegt, weil
es begehrt, und in so fern es begehrt. Das Begehren ist nichts anderes, als eine gewiße Bewegung, in so fern es eine gewiße Thätigkeit ist. —
Dasjenige, was bewegt wird, ist das Thier selbst.
Dasjenige aber, womit, als einem Werkzeuge,
das Begehrungsvermögen bewegt, ist schon Etwas
körperliches. Daher werden wir uns in den gemeinschaftlichen Functionen des Körpers und der
Seele umsehen müssen; (welches Aristoteles in
dem Buche von der Bewegung der Thiere weit-
läufig gethan hat.) Itzt aber, damit wir alles
nur gleichsam in einem Gesichtspunct zusammen-
ziehen, ist dort dasjenige, was vermittelst eines
Instruments bewegt, wo Princip und Zweck bey
einander und das Nemliche sind, wie z. B. im
Thürangel; in ihm ist das Convexe und Concave;
das Eine ist der Zweck, das Andere das Princip;
weswegen auch das Eine ruht, und das Andere
bewegt wird. Sie sind zwar dem Begriffe nach
unterschieden, der Größe nach aber unzertrennbar
(weil sonst die Bewegung aufhörte) Denn alles
wird durch Stoß und Anziehung in Bewegung gesetzt. Daher muß so, wie im Zirkel Etwas zu-
rückbleiben (feststehen, wie der eine Fuß) von
wo aus die Bewegung ihren Anfang nimmt. *

Nun

---

* Hievon spricht Aristoteles in dem Buche von
der Bewegung der Thiere.

Nun folgt, wie wir schon sagten, daß das Thier sich selbst, in so fern bewege, in wie fern es ein Begehrungsvermögen hat. Das Begehren geschieht aber nicht ohne Einbildungskraft; und jede Einbildungskraft ist entweder mit dem Verstande (in weiterer Bedeutung) oder bloß mit der Sinnlichkeit verbunden, dieser sind aber auch die Thiere theilhaftig. *

Wir müssen aber auch unsere Betrachtung über unvollkommene Thiere ** anheben; was nemlich dasjenige ist, was sie in Bewegung setzt, da ihnen nur der einzige Sinn des Gefühls zukommt, und ob sie eine Einbildungskraft und eine Begierlichkeit haben können oder nicht? — Denn sie scheinen Schmerz und Vergnügen zu haben? und wenn sie einmal diese empfinden, so muß ihnen nothwendig eine Begierlichkeit zukommen. — Wie könnten sie aber eine Einbildungskraft haben? — oder ist ihre Bewegung etwa eben so unbestimmt — als ihnen dieses (die Einbildungskraft und das Begehrungsvermögen) auf eine eben so unbestimmte Weise zukömmt?

Die

---

* Folglich haben die Thiere ein Begehrungsvermögen, und können sich selbst zu Handlungen bestimmen; aber nicht durch die Vernunft, sondern durch ihre sinnliche Begehrungsfähigkeit.

** Welche nicht alle Sinne haben.

Die sinnliche, (mit dem Empfindungsver=
mögen allein verknüpfte) Einbildungskraft kommt,
wie wir schon sagten, auch den unvernünftigen
Thieren zu. Die überlegende aber (die mit dem
Verstande verknüpfte) ist nur in unvernünftigen
Wesen. Denn, ob man dieses thun oder nicht
thun soll (überlegen) ist schon ein Werk der Ver=
nunft. Es ist dabey immer nothwendig, seine
Handlungen nach einer Regel abzumessen. Denn
sie verlangt (unter mehreren) immer das Bes=
sere. Daher kann sie aus mehreren Phantasma=
ten (Producten der Einbildungskraft) eine Ein=
heit machen. Und dieß ist die Ursache, warum
die Begierlichkeit keine Meynung zu bestimmen
scheint. (Denn sie apprehendirt nur das Man=
nigfaltige der Einbildungskraft.) Weil sie (nebst
diesen) eines Vernunftschlußes nicht fähig ist; aus
welchem eine Meynung bestimmt wird, welche den=
selben voraussetzt. — Daher hat das Begeh=
rungsvermögen nicht das Vermögen Etwas zu
überlegen.

Zu Zeiten überwindet das (sinnliche) Be=
gehren, den Willen (der Vernunft) und setzt ihn
in Bewegung; zu Zeiten aber auch dieser jenes,
wie eine Himmelsphäre (von welchen, nach dem
Begriffe der Alten, die höhere und weitere,
immer die kleinere und engere in sich schloß)
wo sodann das Verlangen (der Vernunft) das
Verlangen (der bloß sinnlichen Begierlichkeit)
überwindet, (unter sich faßt.) Aus diesem
(Widerstreite) entsteht die Unenthaltsamkeit (der
Wi=

Widerspruch mit sich selbst.) Der Natur nach
aber ist das zur Zeit stärkere Vermögen immer das
Mächtigere und bringt Bewegung hervor, so zwar,
daß jeder Mensch durch dreyerley Einwirkungen
bewegt werde. *

Das Vermögen zu wissen (das speculative
Erkenntnißvermögen — das Vernunftvermögen) bewegt nicht (reizt nicht zur Thätigkeit)
sondern ist bleibend (immanent.) Da die Apprehension (des Mannigfaltigen in der Anschauung)
und die Vernunft entweder überhaupt genommen
oder insbesondere betrachtet wird; denn jene allgemeine (überhaupt genommene Vernunft) bestimmt, daß jemand, als ein solcher (ein vernünftiges Wesen) Etwas solches (Etwas vernünftiges) thun müsse; diese besondere aber: daß
Etwas so ist (einen solchen moralischen Werth
habe) und daß ich ein solches Wesen, (ein vernünftiges Wesen) bin. (Mithin daraus erse-
he, ob diese Handlung mir angemessen ist;)
so bewegt mich diese besondere Bestimmung; nicht
aber jene allgemeine; oder besser beyde, diese mehr
ruhig und stillschweigend, jene aber nicht auf diese
Art; (sondern bestimmt und laut.)

Zwölf-

* Entweder bewegt der vernünftige Wille das
sinnliche Begehrungsvermögen, oder das sinnliche Begehren den vernünftigen Willen; oder
es überwindet ein sinnliches Begehren das
andere.

Zwölftes Hauptſtück.

Vergleichung der ernährenden, empfinden=
den und denkenden Seele.

Alles Lebende hat nothwendig eine ernährende
Seele; und zwar von ſeinem Entſtehen bis zu ſei-
nem Abſterben. Denn das Entſtandene muß noth-
wendig ein Wachsthum, einen blühenden Zuſtand,
(Reife) und ein Hinſcheiden haben, welches ohne
Nahrung nicht geſchehen kann. Es folgt alſo noth-
wendig, daß in allen wachſenden und abſterbenden
Geſchöpfen ein ernährendes Vermögen ſeyn müſſe.

Die Empfindung iſt aber nicht nothwendig
in allen lebenden Geſchöpfen. Denn diejenigen,
die einen ganz einfachen Körper haben, ſind ſelbſt
ohne Gefühl (wie z. B. die Pflanzen) Es kann
aber eben ſo wenig ein Thier ohne dieſem Sinne
des Gefühles exiſtiren, noch ſind alle Geſchöpfe
für die Formen ohne Materie empfänglich. (Was
doch ein nothwendiges Erforderniß für die Empfindung iſt.)

Das Thier aber muß nothwendiger Weiſe
Empfindung haben, wenn die Natur nichts vergeblich thut. Denn alles, was durch die Natur
beſteht, iſt entweder eines gewißen Etwaſſes wegen, oder es iſt Etwas zufälliges ſolcher Dinge,

wel-

welche eines gewißen Etwasses wegen da sind. —
Wenn also ein jeder einhergehender (sich selbst bewegender) Körper keine Empfindung hätte, so
würde er zu Grunde gehen, und nie seinen Zweck
(den Zweck seines Daseyns) erreichen, welches
doch überall das Werk der Natur ist. Denn wie
wird er sich ernähren können? — Denn bey denen
die ewig auf einem Orte verbleiben, ist auch schon
ihre Nahrung. (Die Natur sorgt also schon für
sie; aber ist das auch bey denen, so sich selbst
bewegen?)

Es ist nicht möglich, daß ein Körper, der
eine Seele und eine Urtheilskraft hat, ohne Empfindung seyn sollte; * ein Körper nemlich, der
nicht Etwas, auf einem Orte feststehendes, sondern Etwas sich selbst bewegendes ist. Denn warum sollte er keinen Sinn haben? — Dieß müßte
entweder für die Seele, oder für den Körper besser seyn, (weil die Natur nichts ohne Ursache
thut.) Nun ist es aber für keines von beyden
besser. Denn jene wird deßwegen nicht besser denken; ** dieser aber wird deßwegen nicht persisti-
render. Folglich hat ein sich selbst bewegender
Körper nie eine Seele ohne Empfindung.

Al-

---

* Denn der Verstand und die Beurtheilung kann
ja nicht ohne Verknüpfung des mannigfaltigen
Sinnlichen Statt finden.
** Sie wird gar nicht denken können, weil die
entwickelte Denkkraft nothwendig Sinnlichkeit
voraussetzt.

Allein, wenn ein Körper schon Empfindung
haben soll, so muß er nothwendig einfach oder Zusammengesetzt seyn. Einfach aber kann er nicht
seyn; weil er sonst nicht einmal den Sinn des Gefühls hätte; welchen er doch nothwendig haben
muß. Welches schon von daher offenbar ist, weil
das Thier ein beseelter Körper ist; jeder Körper
aber Etwas fühlbares; und jedes Fühlbare der
empfindbare Gegenstand des Gefühls. Folglich
muß der Körper jedes Thieres den Sinn des Gefühls haben, wenn es sonst erhalten werden soll.
(Weil es vermittelst dieses Sinnes in weitester
Bedeutung seine Nahrung suchen und finden
muß.)

Die übrigen Sinne empfinden durch Etwas
anderes (durch ein fremdes Medium) als der
Geruch, das Gesicht, das Gehör. Das Fühlbare aber, wenn es nicht selbst zugleich den Sinn
des Gefühls hat, kann weder fremde Gegenstände fliehen, noch verlangen. Auf diese Art kann
sich das Thier (ohne diesen Sinn) nicht erhalten.
Weil auch der Geschmack ein gewißes Gefühl ist.
Denn er ist das Gefühl der Nahrung; die Nahrung aber ein fühlbarer Körper. Der Schall
aber, die Farbe und der Geruch ernähren nicht;
weder bewirken sie das Wachsen oder Sterben eines
Thieres. Daher ist der Geschmack nothwendiger
Weise ein gewißes Gefühl; weil er der Sinn eines
fühlbaren Gegenstandes, nemlich der Nahrung ist.
Diese Sinne (der Geschmack und das Gefühl)
kommen also jedem Thiere, als Etwas nothwendiges

ges zu; und es wird daher einleuchtend, daß ein Thier ohne Gefühl gar nicht bestehen könne. Die übrigen Sinne sind in Thieren des Guten wegen (ihrer Vollendung wegen.) Es ist nothwendig, daß sie in Thieren überhaupt genommen angetroffen werden, nicht aber in jedem einzelnen Thiere, sondern nur in einigen; wie z. B. denjenigen, welche das Vermögen haben, sich selbst fortzubewegen. Denn, wenn sie sich erhalten sollen, ist die Empfindung des Fühlbaren noch nicht hinreichend, sie müssen auch für Gegenstände in der Ferne Empfindung haben. Dieß geschieht, wenn das Empfindende, mittelst eines Mediums empfindet, welches letztere vom empfindbarem Gegenstande, und er selbst (der Empfindende) wieder vom Medium leidet (Einwirkung empfängt) und bewegt wird. So wie dasjenige, was Etwas von einem Orte wegbewegt; bis zu einem anderem Gegenstand eine Bewegung hervorbringt; und indem es stößt, das Gestoßene zum Widerstoßen (damit es wieder weiter Etwas anderes stoße) fortbewegt und auf solche Weise mittelst eines Mediums Bewegung hervorbringt; indem das Erste, was bewegt, einen Stoß bewirkt; selbst aber keinen bekommt; das Letzte aber (der gestoßene Gegenstand selbst) den Stoß erhält, nicht aber selbst stößt; das Medium aber zwischen beyden gestoßen wird und wieder stößt; und es auf solche Weise mehrere Media geben kann (Bey denen das Nemliche geschieht.)

So verhält es sich auch mit der Veränderung; nur mit dem Unterschiede, daß der, auf

dem

dem nemlichen Orte verbleibende Gegenstand, sich
verändert. Wie z. B. wenn jemand Etwas ins
Wachs eintauchte (eindrückte) so wird es bis da=
hin bewegt seyn, bis wohin der Druck reichte. (Es
wird also nicht fortbewegt, sondern bloß ver=
ändert.) Der Stein aber leidet keine Bewegung;
(auf solche Art, daß er nemlich auf den nemli=
chen Orte verändert werden könnte;) das Was=
ser aber kann durch einen großen Raum; die Luft
durch den größten in Bewegung gesetzt werden;
sie wirkt und leidet; obschon sie bleibend und im=
mer Eins ist. (Daher sind Wasser und Luft,
vorzüglich die letztere, die Hauptmedia.) Da=
her ist es, in Ansehung der Durchbrechung des Lich=
tes durch die Luft, weit richtiger, daß die Luft
von der Farbe und von der Figur leide (eine Ein=
wirkung empfange) in so fern sie nemlich in Ei=
nem versammelt ist, welches sie bey der Wirkung
eines glatten und flachen Körpers ist, als daß (nach
Plato's Meynung) das Gesicht (die Strahlen)
aus den Augen ausgehen, und vom Gegenstande
wieder in dasselbe zurückgeworfen werden sollten.
Diese (bewegte) Luft bewegt sodann wieder das
Auge, nicht anders, als ob ein Sigill durchs
Wachs durchgedrückt würde. (Also wirkt der
sichtbare Gegenstand auf und durch die Luft bis
zum Auge.)

Es ist einleuchtend, daß der Körper der
Thiere nichts Einfaches seyn könne; ich meyne z. B.
etwas Feuerrichtes (ein Flämmchen) oder Etwas
Lüftiges (ein Lüftchen) Denn ohne Gefühl kann
es

es keinen anderen Sinn geben; weil jeder beseelte
Körper (zum wenigsten) das Vermögen des Gefühls hat; (welches nur zusammengesetzte Gegenstände empfindet) wie wir schon oben anmerkten. Alle Elemente, auser der Erde, können zwar
für die Sinnwerkzeuge empfänglich werden, bewirken aber erst Empfindungen, nachdem sie durch andere Gegenstände, mittelst der Medien, empfunden
wurden. Das Gefühl aber ist deswegen ein Gefühl,
weil es die Gegenstände selbst berührt, woher es auch
seine Benennung hat. (Folglich bedarf das Gefühl keines einfachen Mediums)* Und obschon auch
die übrigen Sinnorgane durchs Gefühl empfinden,
so geschieht es dennoch immer durch Etwas anderes;
das Gefühl aber bloß durch sich selbst. Daher kann
der Körper des Thieres kein solches Element seyn
(wie die Media der übrigen Sinne sind; **)
Er kann aber eben so wenig Etwas Erdichtes seyn.
Denn das Gefühl ist gleichsam das Mittelmaaß
aller fühlbaren Gegenstände; *** und das Organ des-

sel-

---

* Aristoteles widerspricht sich hier nicht. Denn
  das Gefühl hat zwar auch ein Medium, wie
  wir oben sahen; wird aber hier so betrachtet,
  wie es zu seyn scheint. Daher konnte er sagen, daß das Gefühl unmittelbar berührt.
** Weil er des Gefühls wegen zusammengesetzte Gegenstände unmittelbar empfinden muß, welches
  er als einfache Wesen nicht thun könnte.
*** Es kann nur Gegenstände von mittlerer Fühl-
  barkeit empfinden; nicht aber zu heftig auf das
  Gefühl Wirkende, noch auch zu wenig Fühlbare. Mithin ist das Gefühl gleichsam der mit-
  lere Maaßstab aller fühlbaren Gegenständen.

selben iſt nicht nur für die Unterſchiede der Erde
empfänglich, ſondern auch für die Unterſchiede des
Warmen und Kalten und aller übrigen fühlbaren
Dinge (folglich kann der Körper als welcher
das Gefühl hat, nicht bloß Etwas Erdichtes
ſeyn) Daher kommt es, daß wir mit den Beinen
(Knochen) mit den Haaren und anderen ähnlichen
Theilen nichts empfinden; weil ſie aus Erde ſind;
und eben deswegen haben auch die Pflanzen keine
Empfindung, weil ſie nemlich aus Erde ſind. Ohne
Gefühl aber giebt es in keinem Thiere einen anderen Sinn. Das Sinnenwerkzeug aber iſt weder aus bloßer Erde noch aus einem anderem Elemente. Daher wird es nun offenbar,
daß, ſobald dieſer Sinn des Gefühls aufhört, auch
das Thier ſterbe; weil es weder möglich iſt, daß
ein Weſen, das kein Thier iſt, dieſen Sinn haben
könnte; noch auch nothwendig, daß ein Weſen,
das ein Thier iſt, außer dieſen, einen anderen
Sinn habe; Daher kommt es auch, daß die übrigen empfindbaren Gegenſtände durch ihre Uibertreibungen das Thier ſelbſt nicht zerſtören, wie z. B.
die Farbe, der Ton und der Geruch; wohl aber
ihre Sinnorgane. Außer zufälliger Weiſe (nicht
an ſich, ſondern in Verbindung mit anderen
Dingen, welche das Gefühl zerſtören) wenn
z. B. mit dem Schalle zugleich ein Schlag und
Stoß verbunden iſt; und wenn die zu heftig ſichtbaren Gegenſtände oder ein (zu heftiger) Geruch
Etwas in Bewegung ſetzt, was das Gefühl zerſtört. Auch ein (zu heftiger) Geſchmack, als
Etwas Fühlbares zerſtört den Sinn. Alle Ue-

bertreibungen aber fühlbarer Gegenstände, z. B.
des Warmen und Kalten, des Harten tödten das
Thier. Denn die Uibertreibungen aller empfindbaren Gegenstände tödten den Sinnorgan; also auch
das (übermäßig) Fühlbare den Sinn des Gef ̓ ̓:
mit ihm aber wird das Leben geendiget; weil ohne
Gefühl kein Thier existiren kann. Daher zerstören die Uibertreibungen fühlbarer Gegenstände nicht
nur den Sinnorgan, sondern auch das Thier selbst;
weil ein Thier nothwendig nur diesen Sinn haben
muß.

Die übrigen Sinne aber hat das Thier, wie
wir schon sagten, nicht seiner Wesenheit wegen,
sondern seiner Vollendung (Vollkommenheit) wegen. Das Gesicht hat es, damit es in der Luft
und im Wasser sehen könne, weil es im Durchsichtigen (in der Luft oder im Wasser) lebt; den
Geschmack aber, damit es Vergnügen und Schmerz
empfinde; damit es das, was in der Nahrung ist,
fühlte, damit es begehre und (zu Handlungen)
bewegt werde; das Gehör, damit es von Etwas
eine Deutung (gleich von Ferne) habe; die Zunge aber damit es einen Anderem Etwas andeuten
könne.